ALLIANCE DES MAISONS D'ÉDUCATION CHRÉTIENNE

WILLIAM SHAKSPEARE

JULES CÉSAR

TRAGÉDIE EN CINQ ACTES

TRADUCTION FRANÇAISE LITTÉRALE

PAR M. L'ABBÉ EM. DAGUZÉ

PROFESSEUR D'ANGLAIS A L'INSTITUTION RICHELIEU, ALOÇON

PARIS
LIBRAIRIE POUSSIELGUE FRÈRES
RUE CASSETTE, 15

1884

8° Y.K
89

ALLIANCE DES MAISONS D'ÉDUCATION CHRÉTIENNE

WILLIAM SHAKSPEARE

JULES CÉSAR

TRAGÉDIE EN CINQ ACTES

TRADUCTION FRANÇAISE LITTÉRALE

PAR M. L'ABBÉ EM. DAGUZÉ

PROFESSEUR D'ANGLAIS A L'INSTITUTION RICHELIEU, LUÇON

PARIS
LIBRAIRIE POUSSIELGUE FRÈRES
RUE CASSETTE, 15

1884

PERSONNAGES

JULES CÉSAR.
OCTAVE CÉSAR,
MARC ANTOINE, } triumvirs après la mort de Jules César.
MARC ÉMILE LÉPIDE,
CICÉRON,
PUBLIUS, } sénateurs.
POPILIUS LÉNA,
MARCUS BRUTUS,
CASSIUS,
CASCA,
TRÉBONIUS,
LIGARIUS, } conspirateurs contre Jules César.
DÉCIUS BRUTUS,
MÉTELLUS CIMBER,
CINNA,
FLAVIUS,
MARULLUS, } tribuns.
ARTÉMIDORUS, sophiste de Cnide.
Un devin.
CINNA, poète.
Un autre poète.
LUCILIUS,
TITINIUS,
MESSALA, } amis de Brutus et de Cassius.
Le jeune CATON,
VOLUMNIUS,
VARRON,
CLITUS,
CLAUDIUS,
STRATON, } serviteurs de Brutus.
LUCIUS,
DARDANIUS,
PINDARE, serviteur de Cassius.
CALPHURNIA, épouse de César.
PORTIA, épouse de Brutus.
Sénateurs, citoyens, gardes, serviteurs, etc.

La scène, pendant une grande partie de la pièce, est à Rome, ensuite près de Sardes, et près de Philippes.

JULES CÉSAR[1]

ACTE I

SCÈNE I

ROME. — UNE RUE

(Entrent FLAVIUS, MARULLUS et une cohue de citoyens.)

FLAVIUS.

Hors d'ici ! à la maison, vous paresseuses créatures, allez-vous-*en* à la maison ; est-ce un jour de fête ? Quoi ! ne savez-vous pas qu'étant ouvriers, vous ne devez pas vous promene en un jour de travail sans le signe de votre profession ? Parle *de* quel métier es-tu ?

PREMIER CITOYEN.

Hé, seigneur, *je suis* charpentier.

MARULLUS.

Où sont ton tablier de cuir et ta règle ? Que fais-tu avec tes plus beaux habits sur *toi ?* Vous, monsieur, de quel métier êtes-vous ?

---

1. Le texte anglais dont nous donnons la traduction française *littérale* est édité par la librairie POUSSIELGUE FRÈRES.

SECOND CITOYEN.

Vraiment, seigneur, quant à être[1] un bel ouvrier, je ne suis, comme vous diriez, qu'un rapiéceur.

MARULLUS.

Mais *de* quel métier es-tu? réponds-moi directement.

SECOND CITOYEN.

D'un métier, seigneur, que, j'espère, je puis exercer en sûreté de conscience ; qui est d'*être*, en vérité, seigneur, raccommodeur de mauvaises semelles.

MARULLUS.

Quel métier, toi drôle? toi méchant drôle, quel métier?

SECOND CITOYEN.

Non, je vous en supplie, seigneur, ne vous fâchez pas[2] contre moi; cependant, si vous êtes déchiré, je puis vous raccommoder.

MARULLUS.

Que veux-tu dire par cela? Me raccommoder, toi impertinent individu!

SECOND CITOYEN.

Mais *oui,* seigneur, vous raccommoder.

FLAVIUS.

Tu es un savetier, n'est-ce pas?

SECOND CITOYEN.

Vraiment, seigneur, tout ce qui me fait[3] vivre est *gagné* avec l'alêne : je ne me mêle aux affaires des commerçants et

---

1. In respect of, *à l'égard de.*
2. Be not out, *ne soyez pas dehors.*
— Jeu de mots : *to be out* signifie à la fois *se fâcher* et *être percé.*
3. All that I live by, *tout ce que je vis par.*

aux affaires des femmes, qu'avec l'alêne. Je suis en vérité, seigneur, chirurgien de vieux souliers ; quand ils sont en grand danger, je les rétablis[1]. Tous les hommes élégants qui ont jamais marché sur du cuir de vache sont allés sur l'ouvrage de mes mains[2].

FLAVIUS.

Mais pourquoi n'es-tu pas dans ta boutique aujourd'hui? pourquoi conduis-tu ces gens à travers les rues?

SECOND CITOYEN.

Vraiment, seigneur, pour faire user leurs souliers, afin de me procurer plus d'ouvrage. Mais en vérité, seigneur, nous faisons fête pour voir César et nous réjouir de son triomphe.

MARULLUS.

Pourquoi vous réjouir? quelle conquête apporte-t-il ici? Quels tributaires le suivent à Rome pour orner, captifs enchaînés[3], les roues de son char? Vous bûches, vous pierres, vous pires que les objets inanimés! O vous, cœurs durs, vous cruels hommes de Rome, ne connaissiez-vous pas Pompée? Souventes fois[4] vous avez grimpé sur les murs et les créneaux, sur les tours et les fenêtres, oui, aux sommets des cheminées, vos enfants dans vos bras, et là vous vous êtes assis tout le long du jour, attendant patiemment[5] pour voir le grand Pompée passer dans les rues de Rome. Et quand vous voyiez son char seulement apparaître, n'avez-vous pas poussé[6] une exclamation universelle, de sorte que le Tibre tremblait sous ses bords, d'entendre la répercussion de vos cris sur ses rivages creux? Et maintenant revêtez-vous vos

---

1. *Recover* signifie à la fois *re-ouvrir* et *guérir*.
2. My handiwork, *mon ouvrage de mains*.
3. In captive bonds, *dans des liens captifs*.
4. Many a time and oft, *mainte une fois et souvent*.
5. With patient expectation, *avec patiente attente*.
6. Made, *fait*.

JULES CÉSAR.

plus beaux habits? Et maintenant choisissez-vous un jour de fête? Et maintenant répandez-vous des fleurs sur le chemin de celui qui revient triomphant du sang de Pompée [1]? Allez-vous-en [2]! Courez à vos maisons, tombez à genoux, priez les dieux de suspendre le fléau qui nécessairement doit éclater sur cette ingratitude.

FLAVIUS.

Allez, allez, bons concitoyens ; et, pour cette faute, rassemblez tous les pauvres gens de votre condition; attirez-les sur les bords du Tibre, et laissez couler vos larmes [3] dans le canal jusqu'à ce que le courant le plus bas effleure [4] les bords les plus élevés de tous.

(Sortent les citoyens.)

Voyez si le plus vil métal de *leur âme* n'est pas ému! Dans leur culpabilité, ils disparaissent sans rien dire [5]. Descendez par là du côté du Capitole ; j'irai par ici : dépouillez les images, si vous les trouvez revêtues d'ornements.

MARULLUS.

Pouvons-nous agir ainsi ? Vous savez que c'est la fête des Lupercales.

FLAVIUS.

Ce n'est pas la question : ne laissons aucune image suspendue avec les trophées de César. J'irai çà et là, et je chasserai le vulgaire des rues ; faites de même vous aussi, où vous apercevrez des attroupements [6]. Ces plumes qui croissent, arrachées à l'aile de César, le feront voler à un degré ordi-

---

1. In triumph over Pompey's blood, *en triomphe sur, par-dessus le sang de Pompée.*
2. Be gone, *soyez partis.*
3. Weep your tears, *pleurez vos larmes.*
4. Do kiss, *baise.*
5. Tongue-tied, *bouche close.*
6. Them thick, *eux épais, attroupés.*

naire ; *lui* qui autrement planerait au-dessus de la vue des hommes, et nous garderait tous dans une crainte servile.

(Ils sortent.)

SCÈNE II

TOUJOURS A ROME. — UNE PLACE PUBLIQUE

(Entrent en procession, avec musique, César ; Antoine, *préparé* pour la course ; Calphurnia, Portia, Décius, Cicéron, Brutus, Cassius et Casca ; une grande foule suivant : parmi eux un devin.)

CÉSAR.

Calphurnia !

CASCA.

Paix, holà ! César parle.

(La musique cesse.)

CÉSAR.

Calphurnia !

CALPHURNIA.

Me voici, mon seigneur.

CÉSAR.

Tenez-vous directement dans le chemin d'Antoine, quand il courra *pour* la course. — Antoine !

ANTOINE.

César, mon seigneur ?

CÉSAR.

N'oubliez pas, dans votre course rapide[1], de toucher Calphurnia ; car nos anciens disent que les femmes stériles,

---

1. Speed, *vitesse.*

touchées dans cette sainte course, se débarrassent de la malédiction de la stérilité[1].

ANTOINE.

Je m'en souviendrai : quand César dit : « Faites ceci, » c'est accompli.

CÉSAR.

Partez; et n'omettez[2] aucune cérémonie.

(Musique.)

LE DEVIN.

César!

CÉSAR.

Hé! qui *m*'appelle?

CASCA.

Faites cesser tout bruit[3]. — Paix encore de nouveau!

(La musique cesse.)

CÉSAR.

Qui est-ce qui m'appelle dans la foule? J'entends une langue plus perçante que toute la musique, crier: « César! » Parlez; César est tourné pour entendre.

LE DEVIN.

Prenez garde aux ides de Mars.

CÉSAR.

Quel homme est-ce?

BRUTUS.

Un devin vous dit de prendre garde aux ides de Mars.

CÉSAR.

Placez-le devant moi, que je voie son visage.

1. Shake off their sterile malediction, *secouent leur stérile malédiction*.
2. Leave out, *laissez dehors*.
3. Be steel, *être tranquille*.

ACTE I, SCÈNE II.

CASSIUS.

Camarade, sors de la foule ; regarde César.

CÉSAR.

Que me dis-tu maintenant ? parle encore une fois.

LE DEVIN.

Prends garde aux ides de Mars.

CÉSAR.

C'est un rêveur ; laissez-le aller : passez.

(Fanfare. Ils sortent tous, excepté BRUTUS et CASSIUS.

CASSIUS.

Voulez-vous aller voir l'ordre de la course ?

BRUTUS.

Pas moi.

CASSIUS.

Je vous *en* prie, venez.

BRUTUS.

Je ne suis pas enjoué : je manque de quelque partie de cet esprit vif qui est dans Antoine. Mais que je ne contrarie[1] pas vos désirs, Cassius ; je vous laisserai.

CASSIUS.

Brutus, je vous observe depuis quelque temps[2] : je *ne vois pas*[3] dans vos yeux cette bienveillance et ce témoignage[4] d'affection que j'étais habitué à y voir. Vous avez des façons d'agir[5] trop raides et trop étranges pour un ami qui vous aime.

---

1. Hinder, *empêcher.*
2. Now of late, *maintenant, depuis peu.*
3. I have not from your eyes, *je ne reçois pas de vos yeux.*
4. Show, *action de montrer, apparence.*
5. You bear hand, *vous portez une main.*

BRUTUS.

Cassius, ne soyez pas dans l'illusion[1]; si j'ai voilé mon regard, *c'est que* je tourne le trouble de ma physionomie simplement sur moi-même[2]. Je suis tourmenté, depuis peu, par des passions en désaccord, des idées seulement particulières à moi-même, qui donnent quelques altérations[3] peut-être à ma conduite. Mais que pour cela mes bons amis (au nombre desquels, Cassius, vous êtes) ne soient pas affligés, et qu'ils n'interprètent pas ma négligence d'une autre façon que celle-ci : le pauvre Brutus, en guerre avec lui-même, oublie de *donner* les marques d'affection à ses semblables.

CASSIUS.

Alors, Brutus, j'ai bien mal interprété vos dispositions[4]; et par ce motif[5] mon cœur a enseveli des pensées de grande valeur, des méditations importantes. Dites-moi, vertueux Brutus, pouvez-vous voir votre visage?

BRUTUS.

Non, Cassius; car l'œil ne se voit lui-même que par la réflexion de quelque autre objet.

CASSIUS.

C'est juste : et il est beaucoup à regretter, Brutus, que vous n'ayez pas un miroir capable de montrer à votre œil[6] votre mérite caché, afin que vous puissiez voir votre image[7]. J'ai entendu[8] beaucoup des citoyens les plus considérés[9] de

---

1. Deceived, *trompé*.
2. *Si mon regard est voilé, c'est qu'il est tourné sur le trouble intérieur de mon âme.*
3. Soil, *souillure, altération.*
4. Your passion, *votre passion.*
5. By means whereof, *par moyen de quoi.*

6. No such mirror as will turn into your eye, *aucun miroir tel qui tournera dans votre œil.*
7. Shadow, *ombre, silhouette.*
8. Where, *où.*
9. Of the best respect, *de la meilleure réputation.*

Rome, excepté l'immortel César, parler de Brutus; et gémissant sur la tyrannie de ce siècle, ils ont désiré que le noble Brutus fît usage de ses yeux[1].

BRUTUS.

Dans quels dangers voudriez-vous me conduire, Cassius, que vous voudriez me faire chercher en moi ce qui n'y est pas ?

CASSIUS.

Eh bien, vertueux Brutus, soyez prêt à entendre; et puisque vous savez que vous ne pouvez vous voir que par réflexion, moi, votre miroir, je vais vous découvrir simplement cette partie de vous-même que vous ne connaissez pas encore. Et ne soyez pas plein de méfiance à mon égard, aimable Brutus. Si je suis[2] un bouffon public[3], si j'ai l'habitude de prodiguer mon amitié avec les serments ordinaires au premier venu[4], si vous savez que je flatte les gens, que je les presse fortement *sur mon cœur* et que je les diffame ensuite ; ou si vous savez qu'au milieu d'un banquet je fais des protestations *amicales* à toute la cohue *des convives*, tenez-moi alors pour un *homme dangereux*.

(Fanfare et acclamation.)

BRUTUS.

Que signifie cette acclamation ? Je crains que le peuple ne choisisse César pour son roi.

CASSIUS.

Et quoi, le craignez-vous ? Alors je dois penser que vous ne voudriez pas qu'il en fût ainsi.

---

1. Had his eyes, *eut ses yeux*.
2. Were I, *fussé-je*.
3. Common laugher, *rieur banal*.

4. To every new protester, *à chaque nouveau faiseur de protestations*.

BRUTUS.

Je ne le voudrais pas, Cassius ; et cependant je l'aime bien. Mais pourquoi me retenez-vous ici si longtemps ? Qu'est-ce que vous vouliez me communiquer ? Si c'est quelque chose qui concerne[1] le bien général, placez l'honneur d'un côté[2], et la mort de l'autre, je les regarderai tous deux avec impartialité, car que les dieux me favorisent autant *qu'il est vrai* que j'aime l'honneur plus que je ne crains la mort.

CASSIUS.

Je sais que cette vertu est en vous, Brutus, aussi bien que je connais l'expression de vos traits[3]. Eh bien, l'honneur est le sujet de mon histoire. Je ne saurais vous dire ce que vous et les autres hommes pensez de cette vie, mais, pour ma simple personne, j'aimerais autant ne pas exister que de vivre pour être en crainte respectueuse devant un homme semblable à moi. Je suis né libre comme César ; vous aussi ; tous les deux nous avons été nourris aussi bien, et nous savons endurer le froid de l'hiver aussi bien que lui. Car jadis, par une journée âpre et orageuse *où* le Tibre troublé se brisait entre ses bords, César me dit : « Oserais-tu, Cassius, sauter maintenant avec moi dans ce fleuve courroucé, et nager jusqu'à cet endroit là-bas ? » Sur-le-champ, habillé comme je l'étais, je plongeai ; et je l'invitai à me suivre ; il le fit en vérité. Le torrent mugissait, nous le frappions avec des nerfs vigoureux en le jetant de côté et le refoulant le cœur *plein* de rivalité ; mais avant que nous pussions arriver à l'endroit proposé, César s'écria : « Secours-moi, Cassius, ou j'enfonce ! » Moi, comme Énée, notre illustre ancêtre, emportant sur ses épaules le vieil Anchise loin des flammes de Troie, ainsi je

---

1. Toward, *vers, envers.*
2. In one eye, *dans un œil, dans un point de vue.*
3. Your outward, *vos traits extérieurs.*

sauvai des flots du Tibre le César épuisé. Et maintenant cet homme est devenu un dieu; et Cassius est une misérable créature, et doit courber son corps, si César lui fait seulement un signe de tête indifférent. Il eut la fièvre quand il était en Espagne, et au plus fort de l'accès[1], je remarquai comme il tremblait; c'est vrai, ce dieu tremblait, ses lèvres lâches abandonnaient leur couleur[2], et ce même œil dont le regard terrifie le monde, perdait son éclat : je l'entendis gémir : oui, et sa langue qui ordonnait aux Romains de l'écouter et de transcrire ses discours dans leurs livres, hélas ! elle s'écriait : « Donne-moi à boire, Titinius, » comme une jeune fille malade. O dieux ! cela me surprend qu'un homme d'un si faible tempérament prenne ainsi les devants sur le monde majestueux[3] et remporte seul la palme.

(Faufare et acclamation.)

BRUTUS.

Une autre acclamation générale! Je crois que ces applaudissements sont *occasionnés* par de nouveaux honneurs accumulés sur César.

CASSIUS.

Eh ! mon cher, il enfourche ce monde étroit comme un colosse ; et nous, petits êtres, nous circulons sous ses immenses jambes, et cherchons partout où trouver pour nous-mêmes des tombeaux déshonorants. Les hommes à un certain moment sont maîtres de leur destin. La faute, cher Brutus, n'est pas en nos étoiles, mais *bien* en nous-mêmes, si nous sommes des subalternes. Brutus et César : qu'y aurait-il dans ce César? Pourquoi ce nom résonnerait-il plus

---

1. When the fit was on him, *quand l'accès était sur lui.*

2. Did from their colour fly, *s'enfuyaient (loin) de leur couleur.* —

Colour signifie à la fois *couleur* et *drapeau*.

3. So get the start of the majestic world, *obtienne ainsi l'avance du monde majestueux.*

que le vôtre? Écrivez-les ensemble, le vôtre est un aussi beau nom; prononcez-les, il convient aussi bien à la bouche; pesez-les, il est aussi pesant; employez-les pour évoquer les mânes[1], Brutus fera surgir un esprit aussitôt que César.

(Acclamation.)

Maintenant, au nom de tous les dieux à la fois, de quelle chair notre César se nourrit-il, pour qu'il soit devenu si grand? Siècle, tu es couvert de confusion! Rome, tu as perdu la race des nobles sangs! Quand s'écoula-t-il depuis le grand déluge un âge que n'ait eu plus d'un homme pour l'illustrer? Quand ont-ils pu dire, jusqu'à ce jour, ceux qui parlaient de Rome, que ses larges murailles ne renfermaient qu'un seul homme? Maintenant c'est bien Rome, en vérité, et il y a assez de place quand il n'y a en elle qu'un seul homme. Oh! vous et moi, nous avons entendu nos pères *le* dire : il y avait un Brutus jadis qui aurait souffert que le démon éternel établît sa cour à Rome aussi aisément qu'un roi.

BRUTUS.

Que vous m'aimiez, je n'en ai aucun doute[2]; *quant à* ce que vous voulez me faire entreprendre, j'en ai quelque idée; je vous raconterai plus tard comment j'ai jugé cette *affaire* et l'époque où nous vivons; présentement je ne voudrais pas, au nom de l'amitié que je puis invoquer auprès de vous, être excité davantage. Ce que vous avez dit, je le méditerai; ce que vous avez à dire, je l'écouterai avec patience, et je trouverai un moment convenable pour entendre des questions aussi importantes et pour y répondre. En attendant, mon illustre ami, méditez ceci : Brutus aimerait mieux être un villageois que de se dire enfant de Rome à des conditions

---

1. Conjure with them, *faites une conjuration avec eux.*

2. I am nothing jealous, *je n'en suis* en **rien jaloux.**

ACTE I, SCÈNE II.

aussi dures que celles que va probablement nous imposer cette époque.

CASSIUS.

Je suis bien aise que mes faibles paroles aient du moins fait surgir chez Brutus ces quelques étincelles [1].

BRUTUS.

Les jeux sont finis, et César revient.

CASSIUS.

Quand ils passeront, tirez Casca par la manche, et il vous dira, dans son style original [2], ce qui est arrivé de remarquable aujourd'hui.

(Entrent César et sa suite.)

BRUTUS.

Oui, Cassius; mais regardez donc la colère [3] empreinte sur le front de César, et tous les autres ont l'air de serviteurs réprimandés; la joue de Calphurnia est pâle. Cicéron a ces yeux de furet lançant des éclairs, comme au Capitole, quand les sénateurs le contredisent dans une discussion.

CASSIUS.

Casca nous dira ce qu'il y a.

CÉSAR.

Antoine !

ANTOINE.

César ?

CÉSAR.

Entourez-moi d'hommes gras, au visage luisant et qui

---

[1]. But thus much show of fire seulement ainsi beaucoup (autant) d'apparence de feu.

[2]. After hissour fashion, d'après son aigre façon.

[3]. The angry spot, la tache de la colère.

dorment bien la nuit : ce Cassius là-bas a l'air maigre et affamé ; il rêve beaucoup trop ; de tels hommes sont dangereux.

ANTOINE.

Ne le craignez pas, César ; il n'est pas dangereux ; c'est un Romain noble et bien intentionné.

CÉSAR.

Je voudrais qu'il fût plus gras ! mais je ne le crains pas : si César était accessible à la peur, je ne connais pas d'hommes que j'éviterais plus que ce maigre Cassius. Il lit beaucoup ; c'est un grand observateur, qui épie les actions des hommes ; il n'aime pas les jeux, comme toi, Antoine, il n'écoute pas la musique, rarement il sourit, et quand il sourit, c'est comme s'il méprisait son âme qui s'est laissée aller à la faiblesse d'un sourire[1]. Des hommes tels que lui n'ont jamais le cœur à l'aise, tant qu'ils aperçoivent un être plus grand qu'eux ; aussi sont-ils très dangereux. Ce que je dis c'est pour *t'indiquer* plutôt ce qu'il faut craindre que ce que je crains, car je suis toujours César. Passe à ma droite, car cette oreille est sourde, et dis-moi franchement ce que tu penses de lui.

(Sortent César et toute sa suite, excepté CASCA.)

CASCA.

Vous m'avez tiré par mon manteau ; vouliez-vous me parler ?

BRUTUS.

Oui, Casca ; dis-nous ce qui est arrivé aujourd'hui, que César paraît si triste.

---

1. That could be moved to smile at any thing, *qui pût être émue* | *au point de sourire de quelque chose.*

CASCA.

Eh mais, vous étiez avec lui, n'est-ce pas?

BRUTUS.

Dans ce cas, je ne demanderais pas à Casca ce qui est arrivé.

CASCA.

Eh bien, on lui a offert une couronne; et comme on la lui présentait, il l'a repoussée du revers de la main, et le peuple s'est mis à applaudir.

BRUTUS.

Mais pourquoi la seconde acclamation?

CASCA.

Eh bien, pour la même raison.

CASSIUS.

Ils applaudirent trois fois; pourquoi le dernier bruit?

CASCA.

Mais pour la même raison encore.

BRUTUS.

On lui a donc offert la couronne trois fois.

CASCA.

Oui, parbleu, et aux trois fois il la repoussa, à chaque fois un peu plus doucement qu'à la précédente, et à chaque refus mes honnêtes voisins applaudirent.

CASSIUS.

Qui lui offrit la couronne?

CASCA.

Antoine, parbleu!

BRUTUS.

Racontez-nous comment cela se fit, aimable Casca?

CASCA.

Que je sois pendu, si je puis vous le dire [1]; ce n'était qu'une pure plaisanterie; et je n'y ai pas pris garde. Je vis Marc-Antoine lui offrir une couronne; et encore ce n'était pas une couronne, mais une sorte de diadème; et comme je vous l'ai dit, il l'écarta une première fois; mais malgré cela, à mon avis, il l'aurait volontiers acceptée. Puis il la lui offrit de nouveau, il la repoussa encore; mais il me sembla qu'il avait de la répugnance à en écarter les doigts. Il la lui présenta une troisième fois, et la refusa de même : et en même temps la populace se mit à applaudir; ils firent claquer leurs mains gercées, lancèrent en l'air leurs bonnets couverts de sueur, et exhalèrent une telle quantité d'haleine empestée à cause du refus de César, que celui-ci en fut presque étouffé. En effet il s'évanouit et en tomba à terre; et pour ma part, je n'osais pas rire, de peur d'ouvrir les lèvres et de recevoir le mauvais air.

CASSIUS.

Mais, doucement, je vous prie; César s'évanouit-il réellement?

CASCA.

Il tomba sur la place du marché, l'écume à la bouche, et sans pouvoir parler.

BRUTUS.

C'est bien vraisemblable; *car* il est atteint du mal caduc.

CASSIUS.

Non, ce n'est pas lui, mais vous, mais moi et l'honnête Casca, qui sommes atteints de ce mal.

---

1. I can as well be hanged as tell the manner of it, *je puis aussi bien être pendu, que dire la manière de cela.*

CASCA.

Je ne sais ce que vous voulez dire par là; mais je suis sûr que César tomba. S'il *n'est pas vrai* que le peuple déguenillé ne l'a pas applaudi ou sifflé, selon qu'il lui plaisait ou déplaisait, comme on le fait pour les acteurs de théâtre, je ne suis pas un honnête homme.

BRUTUS.

Et quand il revint à lui, que dit-il?

CASCA.

Ma foi, avant de tomber, lorsqu'il s'aperçut que le vil troupeau de plébéiens se réjouissait de ce qu'il refusait la couronne, il nous a ouvert sa robe et leur a offert sa gorge à couper. Si j'avais été un artisan, je l'aurais pris au mot, ou je consens à aller en enfer avec les coquins. C'est ainsi qu'il tomba. Quand il revint à lui, il demanda à leurs excellences de mettre sur le compte de son infirmité ce qu'il pouvait avoir dit ou fait de mal. Auprès de moi, trois ou quatre filles s'écrièrent : « Hélas ! bonne âme ! » en lui pardonnant de tout leur cœur; mais il ne faut pas prendre garde à elles; si César avait poignardé leur mère, elles n'en auraient pas fait moins.

BRUTUS.

Et après cela, il s'en alla avec cette triste mine?

CASCA.

Oui.

CASSIUS.

Cicéron dit-il quelque chose?

CASCA.

Oui, il parla grec.

CASSIUS.

A quel propos?

CASCA.

Si je puis le dire, que je ne vous regarde jamais plus en face : mais ceux qui le comprenaient, se mirent à sourire entre eux en branlant la tête ; mais, pour ma part, c'était du grec *pur*. Je pourrais vous donner d'autres nouvelles encore : Marullus et Flavius, pour avoir enlevé les écharpes des statues de César, sont réduits au silence. Adieu. *Je vous raconterais* bien d'autres plaisanteries, si je pouvais me les rappeler.

CASSIUS.

Voulez-vous souper avec moi ce soir, Casca ?

CASCA.

Non, je suis engagé ailleurs.

CASSIUS.

Voulez-vous dîner avec moi demain ?

CASCA.

Oui, si je suis encore en vie, si vous persistez dans votre intention, et si votre dîner vaut la peine d'être mangé.

CASSIUS.

Bon, je vous attendrai.

CASCA.

C'est cela ; portez-vous bien tous deux.

(Il sort.)

BRUTUS.

Quel être émoussé il est devenu ! lui *qui* était tout ardeur, lorsqu'il allait à l'école.

CASSIUS.

Ainsi est-il encore lorsqu'il s'agit d'exécuter une hardie et noble entreprise, malgré la grossière écorce dont il s'enveloppe. Cette grossièreté sert d'assaisonnement à son esprit droit, et donne aux autres du goût pour digérer ses paroles avec meilleur appétit.

BRUTUS.

C'est juste. Pour cette fois je vais vous quitter; demain, si vous désirez m'entretenir, j'irai vous voir chez vous, ou, si vous le préférez, venez chez moi, je vous attendrai.

CASSIUS.

C'est ce que je ferai : jusqu'alors, pensez au monde.

(Sort BRUTUS.)

Oui, Brutus, tu as l'*âme* noble : cependant je m'aperçois que le noble métal *de ton caractère* peut être travaillé en sens inverse de ses dispositions natives; il convient donc que les nobles esprits vivent toujours avec leurs semblables, car quel est celui qui *est* assez ferme pour n'être jamais séduit? César me supporte difficilement; mais il aime Brutus. Si maintenant j'étais Brutus, et que Brutus fût Cassius, César ne me mènerait pas à son gré. Cette nuit, je vais faire jeter sous ses fenêtres des billets d'écriture différente, comme s'ils venaient de plusieurs citoyens, pour lui rappeler la haute opinion que Rome a de son nom; en style voilé, j'y ferai allusion à l'ambition de César; et après cela, que César songe à se bien tenir [1], car nous l'ébranlerons ou nous souffrirons des jours pires.

(Il sort.)

1. Seat him sure, *asseoir lui sûr, se tenir ferme.*

SCÈNE III

TOUJOURS A ROME. — UNE RUE

(Tonnerre et éclairs. Entrent, de côtés opposés, CASCA, avec son épée tirée et CICÉRON.)

CICÉRON.

Bonsoir, Casca : avez-vous reconduit César chez lui ? Pourquoi êtes-vous hors d'haleine ? et pourquoi regardez-vous ainsi fixement ?

CASCA.

N'êtes-vous pas ému quand toute la masse mouvante de la terre tremble comme une chose mal assurée ? O Cicéron, j'ai vu des tempêtes où les vents mugissants ont fendu les chênes noueux ; j'ai vu l'ambitieux océan se gonfler et devenir furieux et écumer *au point* de s'élever *aussi haut que* les nuages menaçants ; mais jamais jusqu'à ce soir, jamais jusqu'à maintenant, je n'avais traversé une tempête laissant pleuvoir du feu. Ou bien il y a guerre civile dans le ciel ; ou bien le monde, trop insolent envers les dieux, les excite à envoyer la destruction.

CICÉRON.

Eh quoi ! vîtes-vous quelque chose de plus merveilleux ?

CASCA.

Un esclave public, — vous le connaissez bien de vue, — tenait en l'air sa main gauche qui était enflammée, et qui brûlait comme vingt torches réunies ; et cependant sa main, insensible au feu, restait sans brûlure. De plus, et (depuis, je n'ai pas rengainé mon épée) près du Capitole j'ai rencontré un lion qui a fixé sur moi ses yeux ardents, et a passé harngeux sans m'inquiéter ; et il y avait là, réunies en groupe, cent femmes pâles comme des spectres, et transformées par la peur, qui juraient qu'elles voyaient des hommes tout de feu, monter et descendre les rues. Et hier, l'oiseau de nuit s'est assis même en plein midi, sur la place du marché, huant et poussant des cris. Quand ces prodiges se rencontrent ainsi ensemble, que l'on ne dise pas : « Ils ont leur raison *d'être*, ils sont naturels ; » car je crois que ce sont des signes de mauvais présages pour la contrée qu'ils désignent.

CICÉRON.

Vraiment, c'est une époque étrangement disposée : mais les gens peuvent interpréter les choses d'après leur façon, tout à fait contrairement au but des choses elles-mêmes. César vient-il au Capitole demain ?

CASCA.

Oui, car il a dit à Antoine de vous faire prévenir[1] qu'il y serait demain.

CICÉRON.

Bonsoir donc, Casca : ce ciel troublé n'est pas *bon* pour se promener.

CASCA.

Adieu, Cicéron.

(Sort CICÉRON.)

(Entre CASSIUS.)

CASSIUS.

Qui est là ?

CASCA

Un Romain.

CASSIUS.

Casca, *si j'en juge* par votre voix.

---

1. Send word, *envoyer parole, message.*

CASCA.

Votre oreille est bonne. Quelle nuit est celle-ci ?

CASSIUS.

Une nuit très agréable pour les honnêtes gens.

CASCA.

Qui vit[1] jamais les cieux être si menaçants ?

CASSIUS.

Ceux qui virent la terre si remplie de crimes. Pour ma part, je me suis promené dans les rues, m'exposant à la nuit dangereuse, et, ainsi débraillé, Casca, comme vous le voyez, j'ai présenté ma poitrine nue aux coups du tonnerre : et quand l'éclair bleuâtre et oblique semblait ouvrir le sein du ciel, je me suis offert précisément à sa direction et au jet même de sa flamme.

CASCA.

Mais pourquoi tentiez-vous ainsi les cieux ? C'est le rôle des hommes de craindre et de trembler, quand les dieux très puissants, par signes, envoient des messages si terribles pour nous épouvanter.

CASSIUS.

Vous êtes lent à comprendre, Casca ; et ces étincelles de vie qui devraient être dans un Romain, vous en manquez, ou mieux vous n'en faites pas usage. Vous paraissez pâle et vous regardez fixement ; vous êtes saisi de crainte et vous vous jetez dans l'étonnement, de voir l'étrange impatience des cieux ; mais si vous vouliez considérer la vraie cause : pourquoi tous ces feux, pourquoi tous ces esprits glissants ; pourquoi des oiseaux et des bêtes *s'écartent* de leurs mœurs et de leur nature ; pourquoi des vieillards, des insensés et des en-

---

1. Knew, *connut*.

ACTE I, SCÈNE III.

fants prédisent l'avenir ; pourquoi tous ces êtres transforment, contre les règles ordinaires, leurs natures et leurs facultés premières, en qualités monstrueuses, eh bien, vous trouverez que le ciel a mis en eux ces esprits pour en faire des instruments de crainte et d'avertissement de quelque monstrueux état de choses. Maintenant pourrais-je, Casca, te nommer un homme très semblable à cette nuit terrible, qui tonne, lance des éclairs, ouvre les tombes et rugit comme le lion du Capitole, un homme pas plus puissant que toi ou moi par sa force personnelle[1], cependant devenu prodigieux et terrible comme *le* sont ces étranges phénomènes.

CASCA.

C'est de César que vous voulez parler, n'est-ce pas, Cassius ?

CASSIUS.

Peu importe lequel[2] ; car les Romains maintenant ont des muscles et des membres comme leurs ancêtres ; mais, malheur au temps *actuel!* les âmes de nos pères sont mortes et nous sommes gouvernés par les esprits de nos mères ; notre joug et notre patience *à le subir*, nous montrent efféminés.

CASCA.

En effet, on dit que les sénateurs demain veulent établir César comme roi, et qu'il portera la couronne sur terre et sur mer, en tous lieux, excepté ici en Italie.

CASSIUS.

Je sais où je porterai ce poignard, alors : Cassius délivrera Cassius de l'esclavage : en cela, ô dieux ! vous faites le faible très fort ; en cela, ô dieux ! vous mettez en déroute

---

1. In personal action, *en action personnelle.*

2. Let it be who it is, *que ce soit qui c'est.*

les tyrans. Ni les tours de pierres, ni les murs d'airain battu, ni les cachots sans air, ni les forts anneaux de fer ne peuvent enchaîner la force de l'esprit ; mais la vie fatiguée de ces obstacles terrestres, ne manque jamais du pouvoir de se congédier elle-même. Si je sais cela, que le monde entier sache d'ailleurs que la part de tyrannie que je supporte, je puis m'en défaire à mon gré.

CASCA.

(Tonnerre encore.)

Ainsi puis-je : ainsi tout esclave porte en sa main le pouvoir d'annuler sa captivité.

CASSIUS.

Et pourquoi César serait-il un tyran alors? Pauvre homme! je sais qu'il ne voudrait pas être un loup, s'il ne voyait pas que les Romains ne sont que des moutons; il ne serait pas un lion, si les Romains n'étaient pas des biches. Ceux qui veulent promptement allumer un grand feu, le commencent avec de faibles brins de paille : quelle bagatelle est Rome, quels décombres, quelle pourriture, quand elle sert de vile matière *destinée* à illuminer un être aussi méprisable que César! Mais, ô douleur! où m'as-tu entraîné? Je dis peut-être ces paroles devant un esclave volontaire; alors je sais que j'aurai à en répondre[1]; mais je suis armé, et les dangers me sont indifférents.

CASCA.

Vous parlez à Casca, et à un homme qui n'est pas un impudent délateur. Tenez ma main ; conspirez[2] pour le redres-

1. My answer must be made, *ma réponse doit être faite.*

2. Be factious, *soyez factieux.*

sement de tous ces griefs, et je placerai mon pied aussi loin que le plus avancé[1].

CASSIUS.

C'est un marché conclu. Maintenant sachez, Casca, que j'ai décidé déjà plusieurs des Romains les plus illustres à entrer[2] avec moi dans une entreprise qui aura une issue dangereuse *mais* honorable; et je sais que dans ce moment[3] ils m'attendent sous le porche de Pompée : car maintenant, *par* cette nuit terrible, il n'y a ni mouvement ni promeneurs dans les rues; et l'aspect de l'élément (du ciel) est en apparence semblable à l'œuvre que nous avons en main, très sanglant, enflammé et très terrible.

CASCA.

Tenez-vous à l'écart un instant, car voici quelqu'un *qui* vient en hâte.

CASSIUS.

C'est Cinna, je le reconnais à sa démarche; c'est un ami.

(Entre CINNA.)

Cinna, où vous hâtez-vous ainsi ?

CINNA.

Pour vous trouver. Qui est celui-là ? Métellus Cimber ?

CASSIUS.

Non, c'est Casca; un *homme* qui s'associe à nos projets. Ne suis-je pas attendu, Cinna ?

CINNA.

J'en suis content. Quelle nuit terrible que celle-ci ! Il y a deux ou trois de nous qui ont vu d'étranges spectacles.

---

1. Who goes farthest, *qui va le plus loin*.
2. Undergo, *subir*.
3. By this, *pendant ceci*.

CASSIUS.

Ne suis-je pas attendu, dites-moi?

CINNA.

Oui, vous l'êtes. O Cassius, si vous pouviez seulement gagner le noble Brutus à notre cause.

CASSIUS.

Soyez en paix[1]; cher Cinna, prenez ce papier et veillez à le mettre dans la chaise du préteur, où Brutus ne pourra pas ne pas le trouver; et jetez celui-ci à sa fenêtre; fixez celui-là avec de la cire sur la statue du vieux Brutus; tout ceci exécuté, rendez-vous sous le porche de Pompée, où vous nous trouverez. Décius, Brutus et Trébonius sont-ils là?

CINNA.

Tous, sauf Métellus Cimber; et il est allé vous chercher chez vous. Bien, je vais me hâter, et distribuer ces billets comme vous me l'avez ordonné.

CASSIUS.

Cela fait, rendez-vous au théâtre de Pompée.

(Sort CINNA.)

Venez, Casca; avant le jour, vous et moi, nous allons encore aller trouver Brutus chez lui : trois parts de sa personne sont à nous déjà; et l'homme entier à la prochaine rencontre, se donnera à nous.

CASCA.

Oh! il est assis bien haut dans le cœur de tous les Romains: et ce qui paraîtrait un crime chez nous, son appui,

---

1. Be content, *soyez content, n'ayez peur*

comme une très riche alchimie, le changera en vertu et en mérite.

CASSIUS.

Sa personne, son mérite et le grand besoin que nous avons de lui, vous les avez bien jugés. Allons, car il est après minuit ; et avant le jour, nous le réveillerons et nous nous assurerons de lui.

(Ils sortent.)

ACTE I

SCÈNE I

TOUJOURS A ROME. — LE VERGER DE BRUTUS

(Entre BRUTUS.)

BRUTUS.

Hé! Lucius, holà! je ne puis, par la marche des étoiles, conjecturer combien nous *sommes* près du jour. Lucius, dis-je! Je voudrais que ce fût mon défaut de dormir si profondément. Allons! Lucius, allons! réveillons-nous, te dis-je! Hé! Lucius!

(Entre LUCIUS.)

LUCIUS.

M'appeliez-vous, mon seigneur?

BRUTUS.

Donne-moi un flambeau dans mon cabinet, Lucius : quand il sera allumé, viens m'appeler ici.

LUCIUS.

J'y vais, mon seigneur.

(Il sort.)

BRUTUS.

Ce doit être par sa mort : et pour ma part, je ne connais pas de cause personnelle pour l'attaquer, sauf la cause générale. Il voudrait être couronné : comment cela pourrait-*il* changer sa nature ? c'est la question. C'est le jour brillant qui fait éclore la vipère ; et cela exige une marche prudente. Le couronner ? c'*est* cela ; et alors, je l'admets, nous mettons en lui un dard avec lequel à son gré il pourra nuire. C'*est* l'abus de la grandeur quand elle sépare la conscience de la puissance : et pour dire la vérité de César, je n'ai pas su, quand ses affections ont eu plus d'influence que sa raison. Mais c'est une vérité d'expérience [1] que la modestie est l'échelle de la jeune ambition vers laquelle le grimpeur tourne son visage : mais quand il atteint une fois le dernier échelon, alors il tourne le dos à l'échelle, regarde dans les nuages, méprisant les humbles degrés par lesquels il est monté : ainsi César peut *faire;* alors de peur qu'il ne le puisse, prévenons-le. Et puisque la querelle ne portera aucune couleur pour la chose qu'il est [2], façonnons cela ainsi : ce qu'il est, étant augmenté, courrait à telles et telles extrémités : et par conséquent jugeons-le, comme un œuf de serpent, qui, *une fois* éclos, deviendrait malfaisant par sa nature, et tuons-le dans la coquille.

(Rentre Lucius.)

LUCIUS.

Le flambeau brûle dans votre cabinet, seigneur. En cherchant à la fenêtre la pierre à feu, j'ai trouvé...

(Lui donnant un papier.)

ce papier, ainsi cacheté ; et je suis sûr *qu'*il n'y était pas quand j'allai me coucher.

---

1. Common proof, *preuve commune.*
2. (*Puisque sa situation actuelle ne peut fournir une raison qui justifie l'attaque.*)

BRUTUS.

Allez-vous coucher de nouveau; il ne fait pas jour. N'est-ce pas demain, garçon, les ides de Mars ?

LUCIUS.

Je ne sais pas, seigneur.

BRUTUS.

Regarde dans le calendrier et apporte-moi la réponse.

LUCIUS.

J'y vais, seigneur.

(Il sort.)

BRUTUS.

Les exhalaisons qui sifflent dans l'air, donnent tant de lumière, que je puis lire à leur clarté[1].

(Il ouvre la lettre et lit.)

« Brutus, tu dors : réveille-toi, et vois toi-même. Rome » doit-elle[?] etc... Parle, frappe, redresse ! » « Brutus, tu dors : réveille-toi ! » De telles instigations ont été souvent glissées où je les ai ramassées. « Rome doit-elle ? etc... » Ainsi dois-je compléter : Rome doit-elle se tenir sous la crainte d'un homme ? Quoi, Rome ? Mes ancêtres chassèrent des rues de Rome le Tarquin, quand il fut appelé roi. « Parle, frappe, redresse ! » Suis-je donc prié de parler et de frapper ? O Rome, je te fais la promesse *que*, si le redressement s'ensuit, tu recevras ton entière demande de la main de Brutus.

(Rentre LUCIUS.)

1. By them, *par elles.*

LUCIUS.

Seigneur, Mars est consumé de quatorze jours.

(On frappe à l'extérieur.)

BRUTUS.

C'est bien. Va à la porte. Quelqu'un frappe.

(Sort Lucius.)

Depuis que Cassius m'a une première fois excité[1] contre César, je n'ai pas dormi. Entre l'accomplissement d'une action terrible et la première pensée, tout l'intervalle est semblable à une fantastique vision ou à un rêve hideux : le Génie (la raison) et les instruments mortels (les membres) sont alors en délibération : et l'état de l'homme, semblable à un petit royaume, souffre alors une sorte d'insurrection.

(Rentre Lucius.)

LUCIUS.

Seigneur, c'est votre frère Cassius, qui est à la porte et qui désire vous voir.

BRUTUS.

Est-il seul?

LUCIUS.

Non, seigneur, il y en a d'autres[2] avec lui.

BRUTUS.

Les connaissez-vous?

LUCIUS.

Non, seigneur; leurs chapeaux sont rabattus sur leurs oreilles, et leurs visages à moitié ensevelis dans leurs man-

---

1. Whet. *aiguisé.* | 2. More, *davantage.*

teaux, de telle sorte que d'aucune façon je ne puis les reconnaître à quelque trait de leur visage.

BRUTUS.

Qu'ils entrent.

(Sort Lucius.)

C'est la faction. O conspiration, as-tu honte de montrer ton front dangereux pendant la nuit, alors que le mal est le plus libre? Oh! pendant le jour, donc, où trouveras-tu une caverne assez profonde pour masquer ton monstrueux visage? N'en cherche pas, conspiration : cache-toi dans les sourires et l'affabilité: car, si tu revêts ta ressemblance naturelle, l'Érèbe lui-même ne sera pas assez obscur pour te dérober au soupçon.

(Entrent CASSIUS, CASCA, DÉCIUS, CINNA, MÉTELLUS CIMBER et TRÉBONIUS.)

CASSIUS.

Je pense que nous troublons trop hardiment [1] votre repos. Bonjour, Brutus; est-ce que nous vous dérangeons?

BRUTUS.

Je suis debout depuis une heure, et *j'ai été* éveillé toute la nuit. Est-ce que je connais ces hommes qui viennent en même temps que vous?

CASSIUS.

Oui, chacun d'eux; et *il* n'est personne ici qui ne vous honore ; chacun désire que vous ayez seulement de vous-même cette opinion que chaque noble Romain a [2] de vous. Celui-ci est Trébonius.

---

1. We are too bold upon, *nous sommes trop hardis sur.*
2. Bears, *porte.*

BRUTUS.

Il est *le* bienvenu ici.

CASSIUS.

Celui-ci, Décius Brutus.

BRUTUS.

Il est *le* bienvenu aussi.

CASSIUS.

Celui-ci, Casca; celui-ci, Cinna; et celui-ci, Métellus Cimber.

BRUTUS.

Ils sont tous *les* bienvenus. Quels vigilants soucis s'interposent entre vos yeux et *le repos de* la nuit?

CASSIUS.

Vous demanderai-je une explication?

(BRUTUS et CASSIUS chuchotent.)

DÉCIUS.

Voici l'est : n'est-ce pas le jour *qui* paraît ici?

CASCA.

Non.

CINNA.

Oh! pardon, seigneur, il se lève, et ces lignes grises là-bas qui sillonnent les nuages sont messagères du jour.

CASCA.

Vous avouerez que vous vous êtes tous les deux trompés. Ici, où[1] je dirige mon épée, le soleil se lève; et *cet endroit* s'avance beaucoup vers le sud[2], amenant la jeune saison de

---

1. As, *comme.*
2. Which is a great way growing in the south, *ce qui est un grand chemin vers le sud.*

l'année. *Dans* deux mois d'ici, plus haut vers le nord, il lancera ses premiers feux, et le haut orient se trouve comme le Capitole, directement ici.

BRUTUS.

Donnez-moi vos mains, tous successivement, un par un.

CASSIUS.

Et jurons notre résolution.

BRUTUS.

Non, pas de serment; si notre figure d'hommes, la souffrance de nos âmes, l'abus du temps, sont de faibles motifs, brisons de suite et que chacun retourne d'ici à sa couche paresseuse; ainsi laissons s'avancer la tyrannie qui regarde haut, jusqu'à ce que chacun tombe à l'appel du sort. Mais si ces *motifs*, comme j'en suis sûr, portent assez de feu pour enflammer les lâches et pour armer de valeur les âmes molles des femmes; alors, compatriotes, qu'avons-nous besoin d'autre éperon que notre cause, pour nous exciter à réformer? Quel autre lien que *celui que forment* des Romains fidèles au secret, qui ont engagé leur parole et ne tergiverseront pas? et quel autre serment que *celui de* l'honneur engagé à l'honneur, que ceci sera ou que nous succomberons pour l'*obtenir*? Faites jurer des prêtres et des lâches et des hommes cauteleux, de faibles vieillards au corps décrépit, et ces âmes patientes qui souffrent les injures; dans les mauvaises causes faites jurer les créatures dont on se défie : mais ne souillons pas la vertu même de notre entreprise, ni le métal indomptable de nos cœurs, pour penser que, ou notre cause ou notre exécution a besoin d'un serment, quand chaque goutte de sang que porte chaque noble Romain et qu'il porte noblement, est capable d'une bâtardise particulière, s'il brise la plus petite particule de quelque promesse passée par sa *bouche*.

ACTE II, SCÈNE I.

CASSIUS.

Mais que *dites-vous* de Cicéron? Le sonderons-nous? Je crois qu'il se tiendra très fortement avec nous.

CASCA.

Ne le laissons pas à l'écart.

CINNA.

Non, en aucune façon.

MÉTELLUS.

Oh! il *faut* que nous l'ayons; car ses cheveux d'argent nous vaudront une bonne opinion, et nous achèterons les voix des hommes pour recommander nos actions : on dira que son jugement réglait nos mains : notre jeunesse et notre témérité n'apparaîtront pas du tout, mais seront tout ensevelies dans sa gravité.

BRUTUS.

Oh! ne le nommez pas: ne nous ouvrons pas à lui [1]; car il ne veut jamais poursuivre un projet que les autres commencent.

CASSIUS.

Alors laissons-le en dehors.

CASCA.

En vérité, il n'est pas *celui qui* convient.

DÉCIUS.

N'y aura-t-il aucun autre homme de frappé que César seul?

CASSIUS.

Décius, bien parlé [2] : je pense qu'il n'est pas convenable que

---

1. To break with, *briser avec, s'ouvrir à.*
2. Urged, *sollicité, demandé.*

Marc-Antoine, tant aimé de César, survive à César; nous trouverons en lui un habile machinateur; et vous savez que ses moyens, s'il les met à profit, peuvent bien s'étendre assez loin pour nous inquiéter tous : pour prévenir cela, que César et Antoine tombent ensemble.

BRUTUS.

Nos procédés[1] sembleront trop sanguinaires, Caius Cassius, de couper la tête et ensuite de hacher les membres, *ce sera comme la colère dans la mort, et la haine ensuite*; car Antoine n'est qu'un membre de César : soyons sacrificateurs, mais non pas bouchers, Caius. Tous, nous nous dressons contre l'âme de César; et dans l'âme des hommes, il n'y a pas de sang. Oh! puissions-nous donc arriver jusqu'à l'âme de César et ne pas démembrer César ! Mais, hélas ! César doit saigner pour cela ! Et, aimables amis, tuons-le hardiment, mais non avec colère : découpons-le comme un plat convenable pour les dieux, mais ne le hachons pas comme une carcasse bonne pour les chiens; et que nos cœurs, comme le font les maîtres adroits, excitent leurs serviteurs à un acte de fureur, et ensuite semblent les gronder. Ceci rendra notre dessein nécessaire, mais non déterminé par la haine : et ceci apparaissant aux yeux de tous, nous serons appelés médecins, non pas assassins. Et quand à Marc-Antoine, n'y pensez pas, car il ne peut pas faire plus de mal que le bras de César quand la tête de César ne sera plus.

CASSIUS.

Cependant je le crains; car avec l'amour enraciné qu'il porte à César...

BRUTUS.

Hélas ! bon Cassius, ne pensez pas à lui : s'il aime César,

---

1. Course, *parti à prendre, conduite.*

tout ce qu'il peut faire est pour lui-même, s'abandonner à de tristes pensées[1] et mourir pour César, et ce serait beaucoup qu'il le fît : car il aime[2] les jeux, la dissipation et la nombreuse compagnie.

TRÉBONIUS.

Il n'y a pas à le craindre[3] ; qu'il ne meure pas ; car il vivra[4] et rira de ceci plus tard.

(L'horloge frappe.)

BRUTUS.

Paix ! comptez l'horloge.

CASSIUS.

L'horloge a frappé trois *heures*.

TRÉBONIUS.

Il est temps de se séparer.

CASSIUS.

Mais il est encore douteux si César sortira aujourd'hui ou non : car il est devenu superstitieux depuis peu : tout à fait contrairement à la ferme opinion qu'il avait[5] jadis sur les visions, les rêves et les présages : il peut se faire que ces prodiges apparents, terreur inaccoutumée de cette nuit, et la persuasion de ses augures, le retiennent loin du Capitole aujourd'hui.

DÉCIUS.

Ne craignez jamais cela : s'il est ainsi résolu, je puis l'influencer, car il aime à entendre dire que les licornes peuvent être prises[6] avec des arbres, et les ours avec des miroirs, les éléphants avec des trous, les lions avec des filets, et les

1. Take thought, *prendre pensée, réfléchir, s'attrister.*
2. He is given, *il est adonné.*
3. There is no fear in him, *il n'y a pas de crainte en lui, à son sujet.*
4. S'il vit.
5. Held, *tenait.*
6. Betrayed, *trahies.*

hommes avec des flatteurs : mais, quand je lui dis qu'il hait les flatteurs, il dit qu'il les hait, alors *même* qu'il est le plus flatté. Laissez-moi faire [1] : car je puis donner à son humeur la vraie tournure, et je l'emmènerai au Capitole.

CASSIUS.

Bien plus, nous serons tous là pour aller le chercher.

BRUTUS.

A la huitième heure : est-ce le plus tard ?

CINNA.

Que ce soit le plus tard, et ne manquez pas alors.

MÉTELLUS.

Caius Ligarius supporte difficilement César, qui le réprimanda pour avoir bien parlé de Pompée, je m'étonne qu'aucun de vous n'ait pensé à lui.

BRUTUS.

Maintenant, bon Métellus, allez-vous-en le trouver [2] : il m'aime bien, et je lui ai donné des motifs *d'affection;* envoyez-le seulement ici et je le façonnerai.

CASSIUS.

Le matin vient sur nous : nous allons vous laisser, Brutus : et, *vous*, amis, dispersez-vous : mais tous rappelez-vous ce que vous avez dit, et montrez-vous de vrais Romains.

BRUTUS.

Bons gentilshommes, paraissez frais et joyeux . que nos regards ne trahissent pas [3] nos desseins, mais supportons cela comme le font nos acteurs romains, avec des esprits

---

1. Work, *travailler*.
2. By him, *auprès de lui*.
3. Put on, *revêtir*.

infatigables et une constance absolue : et ainsi, bonjour à
chacun d'entre vous.

(Ils sortent tous, excepté BRUTUS.)

Garçon! Lucius! Profondément endormi? Peu importe ;
jouis de la pesante rosée de miel du sommeil : tu n'as pas
les figures et les hallucinations que le souci affairé attire
dans les cerveaux des hommes : c'est pourquoi tu dors si
profondément.

(Entre PORTIA.)

PORTIA.

Brutus, mon seigneur!

BRUTUS.

Portia, que voulez-vous? pourquoi vous levez-vous maintenant? Il n'est pas *bon* pour votre santé d'exposer ainsi
votre faible complexion à l'âpre et froid matin.

PORTIA.

Ni pour la vôtre non plus. Vous vous êtes peu aimablement,
Brutus, dérobé de ma couche : et hier soir, au souper,
vous vous levâtes soudain, et vous marchâtes çà et là méditant et soupirant, avec vos bras croisés : et quand je vous
demandai ce qu'il y avait, vous me regardâtes fixement avec
des regards peu aimables : je vous pressai davantage, alors
vous vous grattâtes la tête et vous frappâtes du pied trop
impatiemment : j'insistai encore, et vous ne répondîtes pas
encore ; mais avec un geste courroucé de votre main, vous
me fîtes signe de vous laisser : je le fis ; craignant d'accroître
cette impatience qui semblait trop enflammée, et avec cela,
espérant que ce n'était seulement qu'un effet d'humeur, qui
quelquefois trouve son moment[1] auprès de tout homme.

1. Hath his hour with, a son heure avec.

Elle ne veut pas vous laisser manger, ni causer, ni dormir ; et pût-elle influer autant sur votre extérieur, qu'elle a prévalu sur votre caractère, je ne vous reconnaîtrais pas, Brutus. Mon cher seigneur, faites-moi connaître la cause de votre douleur.

BRUTUS.

Je ne suis pas en bonne santé, et voilà tout.

PORTIA.

Brutus est sage, et, s'il n'était pas en bonne santé, il choisirait les moyens de l'être.

BRUTUS.

Eh bien, je fais ainsi. Bonne Portia, allez au lit.

PORTIA.

Si Brutus est malade, est-il salutaire de se promener débraillé, et d'aspirer les humeurs du matin humide ? Quoi ! Brutus est malade, et il se dérobera de sa couche salutaire pour affronter la vile contagion de la nuit, et exciter l'air humide et impur à ajouter à sa maladie ? Non, mon Brutus, vous avez dans l'esprit quelque mal qui vous blesse[1], que par le droit et la vertu de ma place je crois connaître : et à deux genoux, je vous conjure, par ma beauté jadis vantée, par tous vos vœux d'amour et ce grand vœu qui nous unit et nous fit un, que vous m'expliquiez à moi, *autre* vous-même, votre moitié, pourquoi vous êtes triste ; et quels hommes, cette nuit, ont eu conférence avec vous, car il y a eu quelque six ou sept hommes qui cachaient leurs figures même aux ténèbres.

BRUTUS.

Ne vous agenouillez pas, aimable Portia.

---

1. Sick offense, *offense malade.*

ACTE II, SCÈNE I.

PORTIA.

Je n'en aurais pas besoin, si vous étiez l'aimable Brutus. Dans le lien du mariage, dites-moi, Brutus, est-il excepté que je ne connaîtrais pas les secrets qui vous appartiennent? Ne suis-je vous-même seulement, pour ainsi dire, que jusqu'à un certain point et avec des réserves [1] pour rester avec vous aux repas, agrémenter votre lit et vous entretenir quelquefois? Est-ce que je demeure seulement dans les faubourgs de votre bon plaisir? S'il n'y a rien de plus, Portia est la favorite de Brutus et non son épouse.

BRUTUS.

Vous êtes ma véritable et honorable épouse, aussi chère à mon âme que les gouttes vermeilles qui visitent mon triste cœur.

PORTIA.

Si c'était vrai, je connaîtrais alors ce secret. J'admets que je suis une femme : mais, après tout, une femme que le seigneur Brutus a prise pour épouse ; j'admets que je suis une femme : mais, après tout, une femme de bonne réputation, la fille de Caton. Pensez-vous que je ne suis pas plus forte que mon sexe, ayant un tel père et un tel époux? Dites-moi vos projets ; je ne les divulguerai pas : j'ai donné une forte preuve de ma constance en me faisant une blessure volontaire, ici, à la cuisse ; suis-je capable de supporter cela avec patience et non de *garder* les secrets de mon mari?

BRUTUS.

O vous, dieux, rendez-moi digne de cette noble épouse!

(On frappe à l'extérieur.)

---

1. As it were in sort or limitation, *comme il serait,* en telle ou telle *sorte ou restriction.*

Écoutez, écoutez : on frappe ! Portia, entre un moment et tout à l'heure ton sein partagera les secrets de mon cœur : je t'expliquerai tous mes engagements, toute l'expression de mon triste front : laisse-moi en hâte.

(Sort PORTIA.)

Lucius, qui est-ce qui frappe ?

(Rentre LUCIUS avec LIGARIUS.)

LUCIUS.

Voici un malade qui voudrait vous parler.

BRUTUS.

Caius Ligarius dont parlait Métellus. — Garçon, tiens-toi à l'écart. — Caius Ligarius, comment !

LIGARIUS.

Veuillez *recevoir* le bonjour d'une faible langue.

BRUTUS.

Oh ! quel temps avez-vous choisi, brave Caius, pour porter un bandeau ? *Combien* je voudrais que vous ne fussiez pas malade !

LIGARIUS.

Je ne suis pas malade, si Brutus a en main quelque exploit digne du nom d'honneur.

BRUTUS.

J'aurais en main un tel exploit, Ligarius, si vous aviez une oreille saine pour en entendre parler ?

LIGARIUS.

Par tous les dieux devant lesquels les Romains s'inclinent, sur-le-champ je congédie ma maladie ! Ame de Rome ! brave fils, issu d'une honorable race [1] ! Comme un exorciste, tu as

---

1. Loins, *reins*.

conjuré le mal *dans* mon âme abattue. Maintenant ordonne-moi de courir, et je lutterai avec des choses impossibles ; bien plus j'en viendrai à bout [1]. Qu'y a-t-il à faire?

BRUTUS.

Un ouvrage [2] qui rendra malades les hommes en bonne santé [3].

LIGARIUS.

Mais n'y a-t-il pas des *hommes* en bonne santé que nous devons rendre malades?

BRUTUS.

Oui, nous le devons aussi. Je t'expliquerai ce que c'est, mon Caius, en nous rendant chez *celui* sur qui cela doit être fait.

LIGARIUS.

Placez en avant votre pied, et avec un cœur nouvellement embrasé, je vous suis pour faire je ne sais quoi : mais il suffit que Brutus me conduise.

BRUTUS.

Suivez-moi donc.

(Ils sortent.)

1. Get the better of them, *j'obtiendrai la meilleure d'elles.*

2. A piece of work, *un morceau d'ouvrage.*
3. Whole, *entiers, sains.*

SCÈNE II

TOUJOURS A ROME. — UNE PIÈCE DU PALAIS DE CÉSAR

(Tonnerre et éclair. — Entre CÉSAR, en robe de chambre.)

CÉSAR.

Ni le ciel ni la terre n'ont été en paix cette nuit ; trois fois Calphurnia s'est écriée dans son sommeil : « Au secours ! holà ! On assassine César ! » — Qui est à l'extérieur[1] ?

(Entre un serviteur.)

LE SERVITEUR.

Mon seigneur ?

CÉSAR.

Va dire aux prêtres de faire un prompt sacrifice, et de m'apporter leurs opinions du résultat.

LE SERVITEUR.

J'y vais, mon seigneur.

(Il sort.)

(Entre CALPHURNIA.)

CALPHURNIA.

Que voulez-vous, César ? Pensez-vous sortir ? Vous ne bougerez pas de votre maison aujourd'hui.

CÉSAR.

César sortira : les choses qui me menaçaient ne me regar-

---

1. *Y a-t-il quelqu'un ?*

daient jamais que de dos ; quand elles verront le visage de César, elles seront dissipées.

CALPHURNIA.

César, je ne m'en suis jamais tenue aux présages ; cependant ils m'effrayent maintenant. Il y a quelqu'un ici *qui*, outre les choses que nous avons entendues et vues, raconte de très horribles visions aperçues par la garde. Une lionne a mis bas dans les rues et les tombeaux ont bâillé et livré leurs morts ; de farouches guerriers de feu combattaient en rangs et escadrons et bonne forme de guerre, sur les nuages qui répandaient une pluie de sang sur le Capitole ; le bruit de la bataille se choquait dans l'air, les chevaux hennissaient et les mourants gémissaient ; et les esprits criaient et braillaient à travers les rues. O César, ces choses sont au delà de toute habitude, et je les crains !

CÉSAR.

Quelle chose peut être évitée quand la fin en est décidée par les dieux puissants ? Cependant César sortira ; car ces prédictions sont pour le monde en général comme pour César.

CALPHURNIA.

Quand les mendiants meurent, on ne voit pas de comètes ; les cieux eux-mêmes signalent par leurs feux la mort des princes.

CÉSAR.

Les lâches meurent plusieurs fois avant leur mort ; les braves ne goûtent jamais de la mort qu'une fois. De toutes les merveilles dont j'ai jamais entendu parler, il me semble le plus étrange que les hommes aient peur, vu que la mort, fin nécessaire, viendra quand elle voudra venir.

(Rentre le serviteur.)

Que disent les augures ?

LE SERVITEUR.

Ils ne voudraient pas vous voir sortir aujourd'hui. En arrachant les entrailles d'une victime, ils ne purent trouver un cœur dans l'animal.

CÉSAR.

Les dieux font ceci en honte de la lâcheté : César serait une bête sans cœur, s'il restait à la maison aujourd'hui par peur. Non, César n'y restera pas : le danger sait très bien que César est plus dangereux que lui : nous sommes deux lions mis bas le même jour et moi *je suis* l'aîné et le plus terrible ; et César sortira.

CALPHURNIA.

Hélas ! mon seigneur, votre sagesse se perd[1] en confiance. Ne sortez pas aujourd'hui : appelez ce qui vous garde à la maison ma crainte et non la vôtre. Nous enverrons Marc-Antoine au palais du sénat et il dira que vous n'êtes pas bien aujourd'hui. Laissez-moi, à genoux, triompher en ceci.

CÉSAR.

Marc-Antoine dira que je ne suis pas bien, et pour *contenter* ton humeur je resterai à la maison.

(Entre Décius.)

Voici Décius Brutus, il le leur dira.

DÉCIUS.

César, tout salut, bonjour, digne César : je viens pour vous mener au palais du sénat.

CÉSAR.

Et vous êtes arrivé à un moment très heureux, pour porter mes salutations aux sénateurs et leur dire que je n'irai pas

---

1. Is consumed, *est consumée, se perd.*

aujourd'hui ; *que je* ne puis pas, c'est faux; et que je n'ose pas, c'est *encore* plus faux : je ne veux pas y aller aujourd'hui, dites-le-leur, Décius.

CALPHURNIA.

Dites qu'il est malade.

CÉSAR.

César enverra-t-il un mensonge ? Ai-je dans *mes* conquêtes étendu mon bras à ce point d'être effrayé de dire la vérité à des barbes grises ? Décius, allez leur dire que César ne veut pas y aller.

DÉCIUS.

Très puissant César, faites-moi savoir quelque raison, de peur que l'on ne se moque de moi, quand je le leur dirai.

CÉSAR.

La raison est dans ma volonté; je ne veux pas y aller : c'est assez pour satisfaire le sénat. Mais pour votre satisfaction personnelle, parce que je vous aime, je veux vous le faire savoir; Calphurnia ici, mon épouse, me retient à la maison : elle rêva cette nuit qu'elle voyait ma statue qui comme une fontaine à cent tuyaux, versait du sang pur ; et beaucoup de Romains joyeux venaient en souriant, et y baignaient leurs mains : elle regarde ces choses comme des avertissements et des présages de maux imminents; et à genoux elle a demandé que je consente à rester à la maison aujourd'hui.

DÉCIUS.

Ce songe est tout à fait mal interprété ; c'était une vision belle et heureuse : votre statue répandant du sang par de nombreux conduits, dans lesquels tant de Romains se baignaient en souriant, signifie que la grande Rome aspirera de vous un sang vivifiant ; et les grands hommes se presseront

4

pour *en emporter* des teintures, des taches, des reliques et un souvenir. Ceci est signifié par le songe de Calphurnia.

CÉSAR.

Et de cette façon vous l'avez bien expliqué.

DÉCIUS.

Oui, quand vous aurez entendu ce que je peux dire : et sachez-le maintenant : le sénat a résolu de donner aujourd'hui une couronne au puissant César. Si vous faites prévenir[1] les *sénateurs* que vous ne viendrez pas, leurs intentions peuvent changer. Du reste, ce serait une plaisanterie propre à être rapportée, si quelqu'un disait : « Ajournez le sénat jusqu'à une autre fois, quand la femme de César aura[2] de meilleurs songes. » Si César se cache, ne chuchoteront-ils pas : « Hélas ! César a-t-il peur ? » Pardonnez-moi, César ; car mon tendre, mon bien tendre amour pour votre fortune m'ordonne de vous dire ceci ; et la raison est subordonnée à mon amour.

CÉSAR.

Comme vos craintes paraissent insensées maintenant, Calphurnia ! J'ai honte d'y avoir cédé. Donnez-moi ma robe, car je veux y aller.

(Entrent PUBLIUS, BRUTUS, LIGARIUS, MÉTELLUS, CASCA, TRÉBONIUS et CINNA.)

Et regardez où Publius vient me chercher.

PUBLIUS.

Bonjour, César.

CÉSAR.

Soyez le bienvenu, Publius. — Quoi ! Brutus, êtes-vous levé de si bonne heure *vous* aussi ? — Bonjour, Casca. — Caius

---

1. Send word, *envoyer parole, message.* | 2. Meet with, *rencontrer.*

Ligarius, César ne fut jamais votre ennemi autant que cette même fièvre qui vous a *tant* fait maigrir [1]. — Quelle heure est-il?

BRUTUS.

César, il est huit *heures* sonnées.

CÉSAR.

Je vous remercie de vos peines et de vos courtoisies.

(Entre ANTOINE)

Voyez! Antoine, qui s'amuse tout le long des nuits, est debout malgré cela. — Bonjour, Antoine.

ANTOINE.

Ainsi au très noble César.

CÉSAR.

Ordonnez-leur au dehors de se préparer : je suis à blâmer d'être ainsi attendu. — A vous, Cinna ; — à vous, Métellus. — Ah! Trébonius! J'ai un entretien d'une heure en réserve pour vous; souvenez-vous de me faire visite aujourd'hui ; soyez auprès de moi, afin que je puisse me souvenir de vous.

TRÉBONIUS.

J'y serai, César : (*à part*) et je serai si près, que vos meilleurs amis désireront que j'eusse été plus loin.

CÉSAR.

Bons amis, entrez, et goûtez un peu de vin avec moi ; et comme des amis, nous partirons ensemble sur-le-champ.

BRUTUS, *à part*.

Tout ce qui est semblable n'est pas la même chose [2], ô César, le cœur de Brutus est attristé d'y songer.

(Ils sortent.)

---

1. Lean, *maigre*.
2. That every like is not the same, que chaque chose semblable n'est pas la même. Tout ce qui a les dehors de l'amitié n'en a pas pour cela la réalité.

SCÈNE III

TOUJOURS A ROME. — UNE RUE PRÈS DU CAPITOLE

(Entre ARTÉMIDORE, lisant un papier.)

ARTÉMIDORE.

« César, prends garde à Brutus ; fais attention à Cassius ; ne viens pas près de Casca ; aie un œil sur Cinna ; ne te fie pas à Trébonius ; observe bien Métellus Cimber ; Décius Brutus ne t'aime pas ; tu as fait tort à Caius Ligarius. Il n'y a qu'un esprit dans tous ces hommes, et il est tourné contre César. Si tu n'es pas immortel, regarde autour de toi ; la sécurité ouvre la route à la conspiration. *Que* les dieux puissants te défendent ! Ton ami,

» Artémidore. »

Je me tiendrai ici jusqu'à ce que César passe, et comme un solliciteur, je lui donnerai ceci. Mon cœur se lamente de ce que la vertu ne puisse vivre à l'abri des dents de la jalousie. Si tu lis ceci, ô César, tu pourras vivre ; sinon, les destins conspirent avec les traîtres.

(Il sort.)

SCÈNE IV

TOUJOURS A ROME. — UNE AUTRE PARTIE DE LA MÊME RUE
DEVANT LA MAISON DE BRUTUS

(Entrent PORTIA et LUCIUS.)

PORTIA.

Je t'en prie, garçon, cours au palais du sénat ; ne reste pas à me répondre, mais pars *sur-le-champ*[1] : pourquoi restes-tu ?

LUCIUS.

Pour connaître ma commission, madame.

PORTIA.

Je voudrais que tu y eusses été, et que tu fusses de retour[2] avant que je puisse te dire ce que tu devais y faire.

(A part.)

O constance, sois forte de mon côté ! Place une montagne immense entre mon cœur et ma langue ! J'ai l'âme d'un homme, mais la force d'une femme. Qu'il est difficile pour les femmes de garder le secret ! Es-tu ici encore ?

LUCIUS.

Madame, que devrais-je faire ? Courir au Capitole, et rien autre chose ? Et ainsi revenir vers vous, et rien autre chose ?

PORTIA.

Oui, rapporte-moi la nouvelle, garçon, si ton maître pa-

---

1. Get thee gone, *obtiens-toi allé*.
2. I would have had thee there and here again, *je voudrais avoir eu toi là et ici de nouveau*.

raît bien portant, car il est parti malade ; et prends bonne note de ce que fait César, quels solliciteurs le pressent. Écoute, garçon ! quel est ce bruit ?

LUCIUS.

Je n'en entends pas, madame.

PORTIA.

Je t'en prie, écoute bien : j'ai entendu une rumeur tumultueuse, comme une bataille, et le vent l'apporte du Capitole.

LUCIUS.

En vérité, madame, je n'entends rien.

(Entre le devin.)

PORTIA.

Viens ici, individu : de quel côté as-tu été ?

LE DEVIN.

A ma propre maison, bonne dame.

PORTIA.

Quelle heure est-il ?

LE DEVIN.

Environ neuf heures, madame.

PORTIA.

César est-il encore allé au Capitole ?

LE DEVIN.

Madame, pas encore ; je vais prendre ma place, pour le voir passer *se rendant* au Capitole.

PORTIA.

Tu as quelque requête pour César, n'est-ce pas ?

LE DEVIN.

J'en ai, madame ; s'il plaît à César d'être assez bon pour César que de m'écouter, je le supplierai de se traiter lui-même en ami.

PORTIA.

Eh quoi ! connais-tu quelque mal projeté contre lui ?

LE DEVIN.

Aucun dont je sache l'existence, beaucoup dont j'appréhende la possibilité[1]. Bonjour à vous. Ici la rue est étroite : la foule de sénateurs, de préteurs, de solliciteurs habituels qui suit César aux talons, écraserait un homme faible presque jusqu'à l'étouffer[2]. Je me trouverai une place plus déserte, et là je parlerai au grand César quand il passera.

(Il sort.)

PORTIA.

Il faut que je rentre.

(A part.)

Malheur à moi ! quelle faible chose que le cœur d'une femme ! O Brutus, que les cieux te favorisent dans ton entreprise ! — Certainement le garçon m'a entendue. — Brutus a une requête que César ne veut pas accorder. Oh ! je m'affaisse : cours, Lucius, et recommande-moi à mon seigneur ; dis que je suis joyeuse, reviens vers moi et rapporte-moi ce qu'il te dira.

(Ils sortent séparément.)

---

1. None that I know will be, much that I fear may chance, *aucun que je sache qui sera, beaucoup que je crains qui puisse arriver*.

2. Almost to death, *presque à mort, presque à l'étouffer*.

ACTE III

SCÈNE I

TOUJOURS A ROME. — DEVANT LE CAPITOLE. — LE SÉNAT EST EN SÉANCE.
DANS LA RUE QUI CONDUIT AU CAPITOLE
UNE FOULE DE GENS, ET DANS LE NOMBRE ARTÉMIDORE
ET LE DEVIN. — FANFARES

(ARTÉMIDORE et le devin. Fanfare. Entrent CÉSAR, BRUTUS, CASSIUS, CASCA, DÉCIUS, MÉTELLUS, TRÉBONIUS, CINNA, ANTOINE, LÉPIDE, POPILIUS, PUBLIUS et d'autres.)

CÉSAR.

Les ides de Mars sont arrivées.

LE DEVIN.

Oui, César ; mais non passées.

ARTÉMIDORE.

Salut, César, lis cette requête.

DÉCIUS.

Trébonius désire que vous lisiez en entier, à votre meilleur loisir, son humble requête *que* voici.

ARTÉMIDORE.

O César, lis la mienne la première ; car la mienne est une requête qui touche César de plus près ; lis-la, grand César.

CÉSAR.

Ce qui nous touche nous-même, sera servi en dernier lieu.

ARTÉMIDORE.

Ne retarde pas, César ; lis-la tout de suite.

CÉSAR.

Quoi ! cet individu est-il fou ?

PUBLIUS.

Drôle, fais place.

CASSIUS.

Eh quoi ! adressez-vous, vous[1] vos demandes dans la rue ? Venez au Capitole.

(CÉSAR entre au Capitole, le reste suit. Tous les sénateurs se lèvent.)

POPILIUS.

Je désire que votre entreprise aujourd'hui puisse réussir.

CASSIUS.

Quelle entreprise, Popilius ?

POPILIUS.

Portez-vous bien.
(Il s'avance vers CÉSAR.)

BRUTUS.

Que disait Popilius Léna ?

CASSIUS.

Il nous souhaitait que notre entreprise pût réussir aujourd'hui. Je crains que notre complot ne soit découvert.

BRUTUS.

Regardez comme il aborde César : remarquez-le.

1. Urge, *presser, solliciter.*

CASSIUS.

Casca, soyez prompt, car nous craignons qu'on nous devance. Brutus, qu'y a-t-il à faire? Si le complot est connu, Cassius ou César ne retournera jamais d'ici, car je me tuerai moi-même.

BRUTUS.

Cassius, soyez ferme : Popilius Léna ne parle pas de nos projets; car, regardez, il sourit, et César ne change pas de visage.

CASSIUS.

Trébonius sait *choisir* son moment; car, voyez-vous, Brutus, il tire Marc-Antoine à l'écart [1].

(Sortent ANTOINE et TRÉBONIUS. CÉSAR et les sénateurs prennent leurs sièges.)

DÉCIUS.

Où est Métellus Cimber? Qu'il aille présenter de suite sa requête à César.

BRUTUS.

Il est prêt : rangez-vous près de lui et secondez-le.

CINNA.

Casca, vous êtes le premier à lever [2] la main.

CASCA.

Sommes-nous tous prêts?

CÉSAR.

Quels sont les abus [3] maintenant, que César et son sénat doivent redresser?

---

1. Out of the way, *hors du chemin*.
2. That roars, *qui lève*.
3. What is now amiss, *quelle chose est maintenant mal*.

MÉTELLUS.

Très haut, très grand et très puissant César, Métellus Cimber dépose devant votre siège un cœur humble.

(S'agenouillant.)

CÉSAR.

Je dois te prévenir, Cimber. Ces génuflexions et ces basses courbettes pourraient enflammer le sang des hommes ordinaires, et changer une décision prise et une première résolution en projet d'enfant. Ne vous flattez pas de penser que César porte un sang tellement rebelle, qu'il sera capable de se relâcher[1] de son vrai caractère devant ce qui attendrit les sots ; je veux dire les douces paroles, les profondes inclinations, et les basses caresses d'épagneul. Ton frère est banni par décret : si tu t'inclines, pries et flattes pour lui, je te repousse comme un chien, hors de mon chemin ; sache que César ne fait pas d'injustice et qu'il ne sera pas fléchi sans raison.

MÉTELLUS.

N'y a-t-il pas de voix plus puissante que la mienne pour résonner plus doucement à l'oreille de César et *demander* le rappel de mon frère banni ?

BRUTUS.

Je baise ta main, mais non par flatterie, César ; en te demandant que Publius Cimber puisse obtenir à l'instant son rappel[2].

CÉSAR.

Quoi, Brutus !

---

1. That will be thawed from, *qu'il sera dégelé de*.
2. Have an immediate freedom of repeal, *avoir une liberté immédiate de rappel*.

CASSIUS.

Pardonne, César ; César, pardonne ; Cassius s'abaisse jusqu'à tes pieds [1], pour demander l'affranchissement de Publius Cimber.

CÉSAR.

Je pourrais bien être ému, si j'étais comme vous ; si je savais prier pour émouvoir, les prières m'émouvraient : mais je suis immuable comme l'étoile du nord, dont la permanente immobilité n'a pas de pareille [2] dans le firmament. Les cieux sont peints d'innombrables étincelles, elles sont toutes *de* feu et chacune brille ; mais il n'y en a qu'une parmi toutes qui tienne sa place : ainsi dans le monde ; il est bien fourni d'hommes, et les hommes sont de la chair et du sang, et doués d'intelligence ; cependant dans le nombre, je n'en connais qu'un qui tienne son rang à l'abri de toute atteinte, et inébranlable par aucun mouvement : et laissez-moi montrer un moment, précisément en ceci, que je suis *cet homme*, que je fus inflexible pour que Cimber fût banni, et que je resterai inflexible pour qu'il demeure ainsi.

CINNA.

O César !

CÉSAR.

Hors d'ici ! veux-tu soulever l'Olympe ?

DÉCIUS.

Grand César !

CÉSAR.

Brutus ne s'agenouille-t-il pas en vain ?

---

1. As low to thy foot, doth Cassius fall, *Cassius tombe aussi bas que ton pied.*

2. Of whose true-fixed and resting quality where is no fellow in the firmament, *de la qualité vraiment fixe et immuable de laquelle (étoile) il n'y a aucune égale dans le firmament.*

CASCA.

Parlez pour moi, mes mains!

(CASCA enfonce le poignard dans le cou de CÉSAR. CÉSAR saisit son bras[1]. Il est alors frappé par plusieurs autres conspirateurs, et enfin par MARCUS BRUTUS.)

CÉSAR.

Et tu, Brute? Alors tombe, César!

(Il meurt. Les sénateurs et le peuple se retirent en confusion.)

CINNA.

Liberté! franchise! La tyrannie a succombé! Courez *hors* d'ici, proclamez-le, criez-le dans les rues.

CASSIUS.

Que quelques-uns montent aux tribunes, et crient : « Liberté, franchise et affranchissement! »

BRUTUS.

Peuple et sénateurs, ne soyez pas effrayés; ne fuyez pas; tenez-vous tranquilles : la dette de l'ambition est payée.

CASCA.

Allez à la tribune, Brutus.

DÉCIUS.

Et Cassius aussi.

BRUTUS.

Où est Publius?

CINNA.

Ici, tout à fait consterné de cette insurrection.

---

1. Catches hold of, *saisit prise de*

MÉTELLUS.

Serrons nos rangs, de peur que quelque ami de César[1] n'arrive par hasard.

BRUTUS.

Ne parlez pas de serrer les rangs. Publius, bon courage ; il n'y a pas de mal projeté contre votre personne, ni contre aucun autre Romain ; dites-le-leur, Publius.

CASSIUS.

Et laissez-nous, Publius, de peur que le peuple, se précipitant sur nous, ne fasse quelque mal à votre âge avancé.

BRUTUS.

Agissez ainsi, et qu'aucun autre homme ne réponde de cet acte, que ceux qui l'ont accompli.

(Rentre TRÉBONIUS.)

CASSIUS.

Où est Antoine ?

TRÉBONIUS.

Il a fui à sa maison, frappé par la peur ; les hommes, les femmes et les enfants ouvrent de grands yeux, crient et courent comme si c'était le jour du jugement.

BRUTUS.

Destins ! nous allons connaître vos bons plaisirs : nous savons que nous devons mourir ; c'est seulement du moment et du *soin* de prolonger leurs jours que les hommes se préoccupent.

CASSIUS.

Eh bien, celui qui retranche vingt années de vie retranche autant d'années de crainte de la mort.

---

[1]. Some friend of Cœsar's, *quelque ami de ceux de César*.

ACTE III, SCÈNE I.

BRUTUS.

Admettons cela, et alors la mort est un bienfait : ainsi nous sommes les amis de César, *nous* qui avons abrégé son temps de crainte de la mort. Baissons-nous, Romains, baissons-nous et baignons nos bras[1] dans le sang de César jusqu'aux coudes, et teignons-en nos épées : puis sortons jusqu'à la place du marché, et, brandissant nos armes rougies au-dessus de nos têtes, crions tous : « Paix, franchise et liberté ! »

CASSIUS.

Baissons-nous donc, et lavons *nos mains*. Dans combien de siècles à l'avenir, notre scène sublime sera-t-elle jouée de nouveau dans des États encore à naître et dans des accents encore inconnus !

BRUTUS.

Combien de fois César saignera-t-il en simulacre[2], lui qui maintenant est étendu au piédestal de la statue de Pompée, n'ayant pas plus de prix que la poussière[3] !

CASSIUS.

Aussi souvent que cela arrivera, aussi souvent notre association sera appelée *l'association* des hommes qui donnèrent à leur pays la liberté.

DÉCIUS.

Eh bien, sortirons-nous ?

CASSIUS.

Oui, tout le monde dehors : Brutus conduira; et nous honorerons ses pas[4] du *cortège* des plus hardis et des meilleurs cœurs de Rome.

---

1. Hands, *mains*.
2. In sport, *en amusement, par manière de jeu*.
3. No worthier than the dust, *pas plus digne que la poussière*.
4. Heels, *talons*.

BRUTUS.

Doucement! qui vient ici ?

(Entre un serviteur.)

Un ami d'Antoine.

LE SERVITEUR.

C'est ainsi, Brutus, *que* mon maître m'ordonna de m'agenouiller; c'est ainsi que Marc-Antoine m'ordonna de tomber; et étant prosterné, il m'ordonna de parler ainsi : « Brutus est noble, sage, vaillant et honnête; César était puissant, hardi, royal et aimant; dis que j'aime Brutus et que je l'honore; dis que je craignais César, que je l'honorais et que je l'aimais. Si Brutus veut accepter qu'Antoine vienne en sûreté à lui, et apprenne[1] comment César a mérité d'être couché dans la mort, Marc-Antoine n'aimera pas César mort autant que Brutus vivant, mais il suivra la fortune et les projets du noble Brutus, à travers les hasards de ce nouvel état *de choses*, avec une fidélité entièrement sincère. » Ainsi parle Antoine, mon maître.

BRUTUS.

Ton maître est un sage et vaillant Romain; je ne l'ai jamais jugé pire. Dis-lui que, s'il lui plaît de venir en ce lieu, il sera satisfait; et, sur mon honneur, il partira sain et sauf.

LE SERVITEUR.

Je vais le chercher de suite.

(Il sort.)

BRUTUS.

Je sais que nous l'aurons aisément pour ami.

---

1. Be resolved, *soit instruit, informé.*

CASSIUS.

Je souhaite que nous le puissions; mais cependant j'ai une âme qui le craint beaucoup ; et mon appréhension me fait toujours deviner juste [1].

BRUTUS.

Mais ici vient Antoine.

(Rentre ANTOINE.)

Soyez le bienvenu, Marc-Antoine.

ANTOINE.

O puissant César! es-tu étendu si bas? Toutes tes conquêtes, tes gloires, les triomphes, tes dépouilles sont-ils réduits à cet étroit espace [2]? Adieu. — Je ne sais pas, seigneurs, ce que vous vous proposez, quel autre doit être saigné, quel autre est trop replet: si c'est moi-même, il n'y a pas d'heure aussi convenable que la mort de César ; ni aucun instrument qui ait la moitié de la valeur de vos épées, enrichies du sang le plus noble de toute la terre. Je vous en supplie, si vous m'en voulez [3], maintenant que vos mains empourprées exhalent des vapeurs et fument, satisfaites votre bon plaisir. Vivrais-je mille années, je ne me trouverai jamais moi-même si disposé à mourir : aucun lieu, aucun moyen de mort ne me plaira autant, qu'ici à côté de César et égorgé par vous, qui êtes l'élite et les esprits les plus distingués de cette époque.

BRUTUS.

O Antoine ! ne nous demandez pas votre mort. Quoique maintenant nous devions paraître sanglants et cruels, comme

---

[1]. Falls shrewly to the purpose, *tombe, arrive avec sagacité à l'événement.*

[2]. This little measure, *cette petite mesure.*

[3]. If you bear me hard, *si vous me supportez difficilement.*

vous le voyez par nos mains et l'acte que nous venons d'accomplir ; cependant vous ne voyez que nos mains, et la sanglante besogne qu'elles ont faite ; vous ne voyez pas nos cœurs, ils sont compatissants : et *c'est* la pitié pour le malheur général de Rome (comme le feu chasse le feu, ainsi la pitié *chasse* la pitié), *qui* a commis cette action sur César. Pour vous, nos épées ont des pointes de plomb, Marc-Antoine ; nos bras n'*ont* aucune force malicieuse, et nos cœurs, *animés* de sentiments fraternels, vous reçoivent avec amour très tendre, bonnes pensées et respect.

CASSIUS.

Votre voix sera aussi puissante que celle d'aucun autre homme pour disposer des nouvelles dignités.

BRUTUS.

Seulement soyez patient jusqu'à ce que nous ayons apaisé la multitude, *mise* hors d'elle-même par la peur ; et alors nous vous expliquerons la raison pour laquelle moi, qui aimais César quand je le frappai, j'ai agi ainsi.

ANTOINE.

Je ne doute pas de votre sagesse. Que chaque homme me tende sa main sanglante : d'abord, Marcus Brutus, je veux serrer votre main[1] ; ensuite, Caius Cassius, je veux prendre la vôtre ; maintenant la vôtre, Décius Brutus ; maintenant la vôtre, Métellus ; la vôtre, Cinna, et, mon vaillant Casca, la vôtre ; et la vôtre, mon bon Trébonius, *qui*, quoique le dernier, n'êtes pas le moins aimé. Seigneurs, hélas ! que dirai-je ? Ma réputation se tient maintenant sur un terrain si glissant, que vous devez avoir de moi une de ces deux mauvaises opinions, ou je suis un lâche, ou *je suis* un flatteur. Que je t'aimais, César, oh ! c'est vrai : si donc ton

---

1. Will I shake with you, *je secouerai (les mains) avec vous*.

âme nous regarde maintenant, cela ne t'affligera-t-il pas plus vivement que ta mort, de voir ton Antoine faire sa paix, et serrer les mains sanglantes de tes ennemis, très noble César! en présence de ton cadavre? Si j'avais autant d'yeux que tu as de blessures, il me siérait mieux de pleurer aussi violemment qu'elles laissent couler ton sang, que de m'unir en termes d'amitié avec tes ennemis. Pardonne-moi, Julius! *C'est* ici *que* tu fus cerné, brave cerf; *c'est* ici *que* tu tombas; et *c'est* ici *que* se tiennent tes chasseurs, revêtus des insignes de tes dépouilles, et empourprés de ton sang [1]. O monde, tu fus la forêt de ce cerf; et lui, en vérité, ô monde, était ton cœur. Que tu ressembles à un daim, frappé par plusieurs princes, couché comme tu l'es ici !

CASSIUS.

Marc-Antoine !

ANTOINE.

Pardonne-moi, Caius Cassius : les ennemis de César *eux-mêmes* parleront ainsi; c'est donc, dans un ami, une bien froide modération.

CASSIUS.

Je ne vous blâme pas de louer César ; mais quelle alliance voulez-vous faire avec nous? Voulez-vous être compté au nombre de nos amis; ou devons-nous aller en avant, sans nous appuyer sur vous?

ANTOINE.

C'est pour cette raison que je vous pris les mains; mais à la vérité, je fus détourné de mon but en regardant César. Je suis de vos amis à tous, et je vous aime tous dans cet espoir

---

1. Crimsoned in thy lethe, *cramoisis dans ta mort*.

que vous me donnerez les raisons pour lesquelles[1] César était dangereux.

BRUTUS.

Autrement ce serait un sauvage spectacle : nos raisons abondent tellement de considérations pleines de justice, que vous, Antoine, le fils de César, vous en serez satisfait.

ANTOINE.

C'est tout ce que je cherche ; et de plus je sollicite de pouvoir montrer son corps sur la place du marché, et de parler à la tribune de l'organisation de ses funérailles, comme il convient à un ami.

BRUTUS.

Vous parlerez, Marc-Antoine.

CASSIUS.

Brutus, un mot.

(A part, à BRUTUS.)

Vous ne savez pas ce que vous faites : ne consentez pas à ce qu'Antoine parle aux funérailles ; ne savez-vous pas quelle émotion il peut produire dans le peuple, par ce qu'il dira ?

BRUTUS, à part à CASSIUS.

Avec votre permission, je monterai moi-même le premier à la tribune, et j'exposerai la raison de la mort de César ; j'annoncerai que, si Antoine parle, c'est avec notre bon plaisir et notre permission, et que nous sommes bien aises que l'on fasse pour César les rites véritables et les cérémonies légales. Ceci nous sera plus avantageux que nuisible.

CASSIUS, à part à BRUTUS.

Je ne sais ce qui peut arriver, mais cela ne me va pas.

1. Why and wherein, *pourquoi et en quoi*.

BRUTUS.

Marc-Antoine, prenez ici le corps de César. Vous ne nous blâmerez pas dans votre discours *pour* les funérailles, mais dites tout le bien que vous pourrez imaginer de César : et dites que vous le faites par notre permission ; autrement vous n'aurez aucune espèce de part à ses funérailles ; vous parlerez dans la même tribune que moi, après que mon discours sera terminé.

ANTOINE.

Très bien ; je n'en demande pas plus.

BRUTUS.

Préparez donc le corps, et suivez-nous.

(Ils sortent tous, excepté Antoine.

ANTOINE.

O pardonne-moi, sanglant morceau d'argile, si je suis doux et aimable pour ces bouchers ! Voici les restes de l'homme le plus noble qui vécut jamais dans le cours des âges. Malheur aux mains qui ont versé ton sang précieux ! Maintenant je prophétise sur tes blessures, qui, comme des bouches muettes, ouvrent leurs lèvres vermeilles, pour emprunter ma voix et l'éloquence de ma langue. La malédiction tombera sur les membres des hommes, la fureur domestique et la cruelle guerre civile couvriront toutes les parties de l'Italie ; le sang et la destruction deviendront choses si communes et les objets terribles seront si familiers, que les mères ne feront que sourire quand elles apercevront leurs enfants écartelés par les mains de la guerre ; toute pitié sera étouffée par l'habitude des actes cruels : l'âme de César, cherchant partout vengeance avec Até à ses côtés, sortira brûlante de l'enfer, pour s'écrier dans ces régions : « Carnage ! » vec une voix de monarque, et lâchera les chiens de la guerre : cet acte odieux exhalera au-dessus du sol *une odeur fétide provenant* des cadavres en putréfaction, demandant la sépulture.

(Entre un serviteur.)

Vous êtes au service d'Octave César, n'est-ce pas ?

LE SERVITEUR.

Oui, Marc-Antoine.

ANTOINE.

César lui a écrit de venir à Rome.

LE SERVITEUR.

Il a reçu ses lettres, et il arrive ; il m'a ordonné de vous le dire de vive voix[1]. —

(Apercevant le cadavre.)

O César !

ANTOINE.

Ton cœur est gros, retire-toi et pleure. La douleur est contagieuse, je le vois ; car mes yeux en apercevant dans les tiens ces larmes de chagrin, commencent à devenir humides. Ton maître vient-il ?

LE SERVITEUR.

Il couche cette nuit à sept lieues de Rome.

ANTOINE.

Retourne promptement, et dis-lui ce qui est arrivé : maintenant Rome est en pleurs, *c'est* une Rome dangereuse ; il n'y a pas encore de sûreté dans Rome pour Octave ; pars et dis-le-lui. Cependant arrête un instant ; tu ne partiras pas avant que j'aie porté ce cadavre sur la place du marché ; là je vais voir dans mon discours, comment le peuple accepte

---

1. By word of mouth, *par mot de bouche.*

l'acte cruel de ces hommes sanguinaires : d'après l'événement, tu parleras au jeune Octave de l'état des choses. Prête-moi la main.

(Ils sortent avec le corps de CÉSAR.)

SCÈNE II

TOUJOURS A ROME. — LE FORUM

(Entrent BRUTUS et CASSIUS, et une foule de citoyens.)

LES CITOYENS.

Nous voulons être satisfaits ; soyons satisfaits.

BRUTUS.

Alors suivez-moi et écoutez-moi[1], amis. — Cassius, allez dans l'autre rue et partageons la foule[2]. — Que ceux qui veulent m'entendre parler, restent ici ; que ceux qui veulent suivre Cassius, aillent avec lui : et un compte public sera rendu de la mort de César.

PREMIER CITOYEN.

Je veux entendre parler Brutus.

SECOND CITOYEN.

Je veux entendre Cassius ; et comparons leurs raisons après les avoir entendu exprimer séparément.

(Sort CASSIUS, avec quelques-uns des citoyens. BRUTUS monte à la tribune.)

TROISIÈME CITOYEN.

Le noble Brutus est monté : silence !

---

1. Give me audience, *donnez-moi audience*.

2. The numbers, *les nombres, multitude*.

BRUTUS.

Soyez patients jusqu'à la fin.

Romains, concitoyens et amis! écoutez-moi pour ma cause; et soyez silencieux, afin de pouvoir entendre; croyez-moi sur mon honneur, et ayez égard à mon honneur pour que vous puissiez me croire : jugez-moi dans votre sagesse, et tenez vos sens en éveil, afin de pouvoir mieux juger. S'il y a dans cette assemblée quelque ami, quelque cher ami de César, à lui je dis que l'amour de Brutus pour César n'est pas moindre que le sien. Si donc cet ami demande pourquoi Brutus s'éleva contre César, voici ma réponse : *Ce n'est* pas que j'aimais moins César, mais j'aimais Rome davantage. Aimeriez-vous mieux que César fût vivant et mourir tous esclaves, ou que César fût mort, pour vivre tous en hommes libres? Comme César m'aimait, je le pleure; comme il était heureux, je m'en réjouis; comme il était vaillant, je l'honore; mais comme il était ambitieux, je l'ai tué : voici des larmes pour son amour, de la joie pour sa fortune, de l'honneur pour sa valeur, et la mort pour son ambition. Qui parmi vous a l'âme assez vile pour vouloir être esclave? S'il y a quelqu'un, qu'il parle; car c'est lui que j'ai offensé. Qui parmi vous est assez barbare pour ne vouloir pas être Romain? S'il y a quelqu'un, qu'il parle; car c'est lui que j'ai offensé. Qui parmi vous est assez misérable pour ne pas aimer son pays? S'il y a quelqu'un, qu'il parle, car c'est lui que j'ai offensé. Je m'arrête pour *attendre* une réponse.

LES CITOYENS.

Personne, Brutus, personne.

BRUTUS.

Je n'ai donc offensé personne. Je n'ai pas fait plus de ma à César que vous n'en ferez à Brutus. La raison de sa mort est enregistrée au Capitole; la gloire qu'il méritait n'est pas atténuée, et les fautes qui lui ont valu la mort ne sont pas exagérées.

(Entrent ANTOINE et d'autres, avec le corps de CÉSAR.)

Voici son corps, pleuré par Marc-Antoine : quoiqu'il n'ait eu aucune part à sa mort, il en bénéficiera et aura une place dans la république ; mais lequel d'entre vous n'en bénéficiera pas ? Sur ceci, je pars ; de même que j'ai immolé mon meilleur ami pour le bien de Rome, ainsi je me *réserve* le même poignard quand il plaira à mon pays d'avoir besoin de ma mort.

LES CITOYENS.

Vive Brutus, vive Brutus!

PREMIER CITOYEN.

Conduisons-le en triomphe à sa maison.

SECOND CITOYEN.

Donnons-lui une statue avec ses ancêtres.

TROISIÈME CITOYEN.

Qu'il soit César.

QUATRIÈME CITOYEN.

Les meilleures qualités de César vont maintenant être couronnées dans Brutus.

PREMIER CITOYEN.

Nous allons le conduire chez lui avec des applaudissements et des acclamations.

BRUTUS.

Mes concitoyens!

SECOND CITOYEN.

Paix, silence! Brutus parle.

PREMIER CITOYEN.

Paix, holà!

BRUTUS.

Bons concitoyens, laissez-moi partir seul, et par égard pour moi, restez ici avec Antoine : rendez honneur au corps de César et honorez son discours qui a pour but la gloire de César ; Marc-Antoine, par notre permission, est autorisé à le faire ; je vous en supplie, que pas un de vous ne parte, excepté moi seul, avant qu'Antoine ait parlé.

(Il sort.)

PREMIER CITOYEN.

Restez, holà! et écoutons Marc-Antoine.

TROISIÈME CITOYEN.

Qu'il monte à la tribune publique ; nous voulons l'entendre. — Noble Antoine, montez.

ANTOINE.

Je vous suis bien obligé *de m'écouter* en considération de Brutus.

(Il monte.)

QUATRIÈME CITOYEN.

Que dit-il de Brutus ?

TROISIÈME CITOYEN.

Il dit qu'il nous est bien obligé à tous *de l'écouter* en considération de Brutus.

QUATRIÈME CITOYEN.

Il serait mieux qu'il ne dît pas de mal de Brutus ici.

PREMIER CITOYEN.

Ce César était un tyran.

TROISIÈME CITOYEN.

Oui, c'est certain ; nous sommes bien aises que Rome soit débarrassée de lui.

SECOND CITOYEN.

Paix ! écoutons ce que peut dire Antoine.

ANTOINE.

Aimables Romains !

LES CITOYENS.

Paix, holà ! écoutons-le.

ANTOINE.

Amis, Romains, concitoyens, prêtez-moi vos oreilles : je viens pour ensevelir César, et non pour le louer. Le mal que font les hommes vit après eux, le bien est souvent enterré avec leurs os ; qu'il en soit ainsi de César. Le noble Brutus vous a dit que César était ambitieux : s'il en était ainsi, c'était un défaut grave, et César l'a expié gravement. Ici, avec la permission de Brutus et des autres (car Brutus est un homme honorable, et ils le sont tous, des hommes honorables), je viens pour parler des funérailles de César. Il était pour moi un ami fidèle et juste ; mais Brutus dit qu'il était ambitieux et Brutus est un homme honorable. Il a amené ici à Rome beaucoup de captifs dont les rançons remplirent les coffres publics : en ceci César parut-il ambitieux ? Quand les malheureux ont crié, César a pleuré : l'ambition devrait être faite d'une plus rude étoffe : cependant Brutus dit qu'il était ambitieux, et Brutus est un homme honorable. Vous avez vu tous qu'à *la fête* des Lupercales je lui présentai trois fois la couronne royale, et qu'il la refusa trois fois : était-ce de l'ambition ? Cependant Brutus dit qu'il était ambitieux, et certainement il est un homme honorable. Je ne parle pas pour désapprouver ce qu'a dit Brutus, mais je suis ici pour dire ce que je sais. Tous vous l'aimiez jadis, et *ce n'était* pas sans raison : quel motif vous empêche donc de le pleurer? O jugement, tu t'es réfugié chez des brutes, et les hommes ont perdu la raison ! — Pardonnez-moi ; mon cœur est dans le cercueil ici avec César, et il faut m'arrêter jusqu'à ce que je revienne à moi.

PREMIER CITOYEN.

Il me semble qu'il y a beaucoup de raison dans ses paroles.

SECOND CITOYEN.

A bien considérer la chose, César a eu de grands torts.

TROISIÈME CITOYEN.

Vraiment, mes maîtres? Je crains que *quelqu'un* de pire ne vienne *prendre* sa place.

QUATRIÈME CITOYEN.

Avez-vous remarqué ses paroles? Il ne voulut pas accepter la couronne; donc certainement il n'était pas ambitieux.

PREMIER CITOYEN.

Si cela est prouvé, il y en a qui le payeront cher.

SECOND CITOYEN.

Pauvre âme ! ses yeux sont rouges comme du feu à force de pleurer.

TROISIÈME CITOYEN.

Il n'y a pas dans Rome d'homme plus noble qu'Antoine.

QUATRIÈME CITOYEN.

Faisons attention, il recommence à parler.

ANTOINE.

Hier encore un mot de César aurait pu arrêter le monde : maintenant le voilà gisant, et il n'y a pas un homme, même les pauvres, pour lui donner une marque de respect. O mes maîtres ! si j'étais disposé à exciter vos cœurs et vos esprits à la révolte et à la fureur, je ferais tort à Brutus, je ferais tort à Cassius, qui, vous le savez tous, sont des hommes honorables : je ne veux pas leur faire tort ; je préfère faire tort au mort, me faire tort à moi-même et à vous, plutôt que de faire tort à des hommes si honorables. Mais voici un parchemin, avec le sceau de César ; je l'ai trouvé dans son cabinet, c'est son testament. Que les hommes du peuple entendent ce testament, que, pardonnez-moi, je n'ai pas l'intention de lire, et ils iront baiser les blessures de César mort et plonger leurs mouchoirs dans son sang sacré ; bien plus, ls demanderont de ses cheveux comme souvenir, et à leur mort ils les mentionneront sur leur testament, comme un legs précieux à leur postérité.

QUATRIÈME CITOYEN.

Nous voulons entendre le testament : lisez-le, Marc-Antoine.

LES CITOYENS.

Le testament, le testament ! nous voulons entendre le testament de César.

ANTOINE.

Ayez patience, aimables amis, je ne dois pas le lire : il n'est pas bon que vous sachiez combien César vous aimait. Vous n'êtes pas *de* bois, vous n'êtes pas *de* pierre, mais *vous êtes des* hommes ; et étant des hommes, si vous entendiez le testament de César, il vous enflammerait, il vous rendrait fous : il est bon que vous ne sachiez pas que vous êtes ses héritiers. Car, si vous le saviez, oh ! qu'en adviendrait-il ?

QUATRIÈME CITOYEN.

Lisez le testament ; nous voulons l'entendre, Antoine ; vous devez nous lire le testament, le testament de César.

ANTOINE.

Voulez-vous être patients ? Voulez-vous attendre un moment ? Je me suis laissé entraîner à vous parler de cela : je crains de faire tort aux hommes honorables dont les poignards ont frappé César; je le crains.

QUATRIÈME CITOYEN.

C'étaient des traîtres, *ces* hommes honorables !

LES CITOYENS.

Le testament ! le testament !

SECOND CITOYEN.

C'étaient des scélérats, des meurtriers; le testament! lisez le testament !

ANTOINE.

Vous voulez donc me forcer à lire le testament ? Faites donc un cercle autour du corps de César et laissez-moi vous montrer celui qui fit le testament. Dois-je descendre ? et voulez-vous m'en donner la permission ?

LES CITOYENS.

Descendez.

SECOND CITOYEN.

Descendez.

TROISIÈME CITOYEN.

Vous avez la permission.

(Antoine descend.)

QUATRIÈME CITOYEN.

Un cercle; rangez-vous en rond.

PREMIER CITOYEN.

Éloignez-vous du cercueil, éloignez-vous du corps.

SECOND CITOYEN.

Place pour Antoine, le très noble Antoine.

ANTOINE.

Allons ! ne vous pressez pas ainsi sur moi ; tenez-vous à l'écart.

LES CITOYENS.

Arrière, place ; portez-vous en arrière.

ANTOINE.

Si vous avez des larmes, préparez-vous à les répandre maintenant. Tous vous connaissez ce manteau : je me rappelle la première fois que César le revêtit ; c'était un soir d'été, dans sa tente ; ce jour il avait vaincu les Nerviens : regardez, voici où traversa le poignard de Cassius : voyez quelle déchirure a fait l'envieux Casca ; c'est par cette autre que le bien-aimé Brutus l'a assassiné ; et comme il retirait son acier maudit, voyez comme le sang de César le suivit, se précipitant au dehors, pour s'assurer si c'était Brutus ou non qui frappait si cruellement ; car Brutus, vous le savez, était l'ami de César. Jugez, ô dieux ! combien César l'aimait tendrement ! Ce fut pour lui le coup le plus cruel de tous ; car, quand le noble César le vit frapper, l'ingratitude, plus forte que les armes des traîtres, le vainquit tout à fait : *c'est* alors *que* se brisa son grand cœur ; et, cachant son visage dans son manteau, le grand César tomba à la base même de la statue de Pompée, qui pendant tout ce temps versait du sang. O quelle chute ce fut, mes concitoyens ! Alors vous et moi, et nous tous, nous tombâmes pendant que la sanglante trahison éclatait au-dessus de nous. Oh ! maintenant vous pleurez ; et je m'aperçois que vous ressentez l'impression de la pitié ; ce sont de généreuses larmes. Bonnes âmes, quoi ! pleurez-vous, alors que vous ne voyez que les plaies du manteau de César ? Regardez-le ici, le voici, lui-même, défiguré, comme vous le voyez, par les traîtres.

PREMIER CITOYEN.

O spectacle digne de pitié !

SECOND CITOYEN.

O noble César !

TROISIÈME CITOYEN.

O jour malheureux !

QUATRIÈME CITOYEN.

O traîtres, scélérats !

PREMIER CITOYEN.

O sanglant spectacle !

SECOND CITOYEN.

Nous voulons être vengés.

LES CITOYENS.

Vengeance, — en avant, — cherchons, — brûlons, — incendions, — tuons, — massacrons, — que pas un traître n'échappe !

ANTOINE.

Arrêtez, concitoyens.

PREMIER CITOYEN.

Paix ici ! écoutez le noble Antoine.

SECOND CITOYEN.

Nous voulons l'entendre, nous voulons le suivre, nous voulons mourir avec lui.

ANTOINE.

Bons amis, aimables amis, que je ne vous excite pas à un tel courant subit de révolte ; ceux qui ont fait cet acte sont des hommes honorables ; je ne connais pas, hélas ! les griefs particuliers qui les ont poussés à agir ainsi ; ils sont sages et honorables, et répondront sans aucun doute à vos raisons. Je ne viens pas, amis, pour surprendre vos cœurs, je ne suis pas orateur comme Brutus; mais je ne suis, comme vous le savez tous, qu'un homme simple et sans esprit qui aime mon ami ; et ils le savent très bien ceux qui m'ont donné permission de parler publiquement; car je n'ai ni esprit, ni talent de paroles, ni mérite, ni action, ni éloquence, ni pouvoir de parler, pour exciter le sang des hommes; je ne fais que parler tout simplement ; je vous dis ce que vous-mêmes vous savez ; je vous montre les blessures de l'aimable César, pauvres, pauvres bouches muettes, et je leur ordonne de parler pour moi; mais si j'étais Brutus et Brutus Antoine, il y aurait un Antoine qui agiterait vos esprits et mettrait dans chaque blessure de César une langue qui exciterait les pierres de Rome à se lever et à se révolter.

LES CITOYENS.

Nous nous révolterons.

PREMIER CITOYEN.

Nous brûlerons la maison de Brutus.

TROISIÈME CITOYEN.

En avant donc ! allons chercher les conspirateurs.

ANTOINE.

Cependant écoutez-moi, concitoyens; écoutez-moi parler.

LES CITOYENS.

Paix ! holà ! écoutons Antoine, le très noble Antoine.

ANTOINE.

Mais, ainsi, vous ne savez pas ce que vous allez faire; en quoi César a-t-il mérité ainsi votre affection ? Hélas ! vous ne le savez pas; il faut donc vous le dire : vous avez oublié le testament dont je vous parlais.

LES CITOYENS.

C'est vrai, le testament : arrêtons et écoutons le testament.

ANTOINE.

Voici le testament cacheté du sceau de César; à chaque citoyen romain, à chaque homme particulier, il donne soixante-quinze drachmes.

SECOND CITOYEN.

Très noble César ! nous vengerons sa mort.

TROISIÈME CITOYEN.

O royal César !

ANTOINE.

Écoutez-moi avec patience.

LES CITOYENS.

Paix, holà !

ANTOINE.

De plus il vous a laissé toutes ses promenades, ses vergers particuliers, ses jardins nouvellement plantés, du côté du Tibre ; il les a laissés à vous et à vos héritiers, pour lieux de plaisance publics, pour sortir et vous récréer. Voilà un *vrai* César ! quand en viendra-t-il un autre semblable ?

PREMIER CITOYEN.

Jamais, jamais. Allons, en avant, en avant ! Nous brûlerons son corps sur le terrain sacré et avec les brandons nous incendierons les maisons des traîtres. Emportez le corps.

SECOND CITOYEN.

Allons chercher du feu.

TROISIÈME CITOYEN.

Arrachons les bancs.

QUATRIÈME CITOYEN.

Arrachons les banquettes, les fenêtres, tout.

(Sortent les citoyens avec le corps.)

ANTOINE.

Maintenant laissons aller les choses; génie du mal, tu es sur pied, prends le cours que tu voudras !

(Entre un serviteur.)

Eh bien, quoi, camarade ?

LE SERVITEUR.

Seigneur, Octave est déjà arrivé à Rome.

ANTOINE.

Où est-il ?

LE SERVITEUR.

Lui et Lépide sont chez César.

ANTOINE.

Je vais aller de suite le voir; il vient à souhait. La fortune est joyeuse, et dans cette disposition elle nous donnera tout.

LE SERVITEUR.

J'ai entendu dire que Brutus et Cassius sont sortis au galop comme des fous par les portes de Rome.

ANTOINE.

Probablement ils ont eu quelque avertissement de la façon dont j'ai excité le peuple. Conduisez-moi à Octave.

(Ils sortent.)

SCÈNE III

TOUJOURS A ROME. — UNE RUE

(Entre CINNA le poète.)

CINNA.

Je rêvais cette nuit que je festoyais avec César, et des présages malheureux obsédaient mon imagination. J'éprouve de la répugnance à sortir au dehors, et cependant quelque chose m'y pousse.

(Entrent les citoyens.)

PREMIER CITOYEN.

Quel est votre nom ?

SECOND CITOYEN.

Où allez-vous ?

TROISIÈME CITOYEN.

Où habitez-vous ?

QUATRIÈME CITOYEN.

Êtes-vous marié ou célibataire ?

SECOND CITOYEN.

Répondez à chacun directement.

PREMIER CITOYEN.

Oui, et brièvement.

QUATRIÈME CITOYEN.

Oui, et sagement.

ACTE III, SCÈNE III.

TROISIÈME CITOYEN.

Oui et sincèrement, vous ferez bien.

CINNA.

Quel est mon nom ? Où je vais ? Où je demeure ? Suis-je marié ou célibataire ? Donc pour répondre à chacun de suite et brièvement, sagement et sincèrement : sagement, je dis que je suis célibataire.

SECOND CITOYEN.

C'est autant que de dire : ils sont fous ceux qui se marient ; vous emporterez un coup de ma façon, je le crains. Continuez : directement.

CINNA.

Directement, je vais aux funérailles de César.

PREMIER CITOYEN.

Comme ami ou comme ennemi ?

CINNA.

Comme ami.

SECOND CITOYEN.

Vous avez répondu à cette question directement.

QUATRIÈME CITOYEN.

Votre habitation, brièvement.

CINNA.

Brièvement, j'habite auprès du Capitole.

TROISIÈME CITOYEN.

Votre nom, monsieur, sincèrement.

CINNA.

Sincèrement, mon nom est Cinna.

PREMIER CITOYEN.

Mettez-le en pièces ! c'est un conspirateur.

CINNA.

Je suis Cinna le poète, je suis Cinna le poète.

QUATRIÈME CITOYEN.

Mettez-le en pièces pour ses mauvais vers, mettez-le en pièces pour ses mauvais vers.

CINNA.

Je ne suis pas Cinna le conspirateur.

QUATRIÈME CITOYEN.

Peu importe, son nom est Cinna; arrachez-lui le nom du cœur, et laissez-le partir.

TROISIÈME CITOYEN.

Mettez-le en pièces, mettez-le en pièces ! Des brandons ! holà ! Allons ! des brandons allumés: chez Brutus, chez Cassius, brûlons tout; les uns chez Décius, les autres chez Casca; les autres chez Ligarius; en avant, partons !

(Ils sortent.)

ACTE IV

SCÈNE I

TOUJOURS A ROME. — UNE PIÈCE DE LA MAISON D'ANTOIN

(Antoine, Octave et Lépide, assis à une table.)

ANTOINE.

Tous ceux-là donc mourront ; leurs noms sont marqués.

OCTAVE.

Votre frère aussi doit mourir; y consentez-vous, Lépide?

LÉPIDE.

J'y consens.

OCTAVE.

Marquez-le, Antoine.

LÉPIDE.

A condition que Publius, le fils de votre sœur, Marc-Antoine, disparaîtra.

ANTOINE.

Il ne vivra pas; regardez, d'un trait je le condamne. Mais, Lépide, allez chez César; apportez ici le testament, et nous déterminerons comment on peut retrancher certaines charges onéreuses dans les legs.

LÉPIDE.

Mais vous trouverai-je ici ?

OCTAVE.

Ou ici, ou au Capitole.

(Sort LÉPIDE.)

ANTOINE.

C'est un homme léger et sans mérite, bon à être envoyé en commissions ; est-il convenable que, le monde étant divisé en trois, il soit un des trois à partager ?

OCTAVE.

C'est ainsi que vous le jugez, et vous avez pris sa voix *pour décider* qui serait condamné à mort sur notre noire sentence de proscription.

ANTOINE.

Octave, j'ai vu plus de jours que vous ; et quoique nous placions ces honneurs sur cet homme, pour nous alléger de divers fardeaux odieux, il ne les portera que comme l'âne porte l'or : pour gémir et suer sous la besogne, pour être conduit et poussé selon la route que nous lui indiquerons ; puis, quand il aura porté notre trésor où nous voudrons, enlevons-lui alors la charge, et renvoyons-le, comme l'âne déchargé, secouer les oreilles et paître dans le communal.

OCTAVE.

Vous pouvez faire à votre guise ; mais c'est un soldat éprouvé et brave.

ANTOINE.

Il en est de même de mon cheval, Octave ; et pour cela je lui assigne une provision de fourrage ; c'est un être que j'instruis à combattre, à tourner, à s'arrêter, à courir droit au but, en gouvernant par mon esprit tous les mouvements de son corps. A certains égards, il en est ainsi de Lépide; il faut l'instruire, l'exercer, lui commander de marcher; *c'est un homme* à l'esprit bouché, qui ne se sert d'objets d'art et d'imitation pour en faire sa mode, que quand ils sont vieillis et mis au rebut par les autres hommes; ne parlez de lui que comme d'un instrument servile. Et maintenant, Octave, écoutez de grandes choses : Brutus et Cassius lèvent des troupes : il nous faut leur tenir tête sur-le-champ; et pour cela, combinons une alliance, assurons-nous de nos meilleurs amis et déployons nos meilleurs moyens. Allons de suite siéger en conseil, pour aviser aux moyens les plus efficaces de découvrir les menées ténébreuses et de conjurer sûrement les dangers imminents.

OCTAVE.

Qu'il en soit ainsi; car nous sommes *liés* au poteau et poursuivis par les aboiements de nombreux ennemis; quelques-uns qui nous sourient ont dans le cœur, je le crains, des millions de noirs desseins.

(Ils sortent.)

SCÈNE II

DEVANT LA TENTE DE BRUTUS, AU CAMP PRÈS DE SARDES

(Tambour. Entrent BRUTUS, LUCILIUS, TITINIUS, et des soldats; PINDARE vient à leur rencontre; LUCIUS à quelque distance.)

BRUTUS.

Halte, holà!

LUCILIUS.

Donnez le mot d'ordre, holà! halte!

BRUTUS.

Eh bien, Lucilius Cassius approche-t-il?

LUCILIUS.

Il est tout près, et Pindare arrive pour nous saluer de la part de son maître.

(PINDARE donne une lettre à BRUTUS.)

BRUTUS.

Il me salue en ami. Votre maître, Pindare, par son changement et par ses mauvais officiers, m'a donné quelque grave raison de désirer que les choses accomplies ne le fussent pas ; mais, s'il est proche, je serai éclairé.

PINDARE.

Je ne doute pas que mon noble maître ne vous paraisse tel qu'il est, plein d'égards et d'honneur.

BRUTUS.

Ce n'est pas douteux. — Un mot, Lucilius, informez-moi de la façon dont il vous reçut.

LUCILIUS.

Avec assez de courtoisie et d'égards ; mais pas avec cette familiarité, ni ces entretiens libres et amicaux que je lui ai connus autrefois.

BRUTUS.

Tu me dépeins un ami chaud qui se refroidit : remarque toujours, Lucilius, que, quand l'affection commence à languir et à décroître, elle emploie un redoublement de politesse[1]. Il n'y a pas de ruses dans la simple et franche loyauté : mais les hommes perfides, comme les chevaux pleins de feu sous la main, font bravement montre d'ardeur et promettent

---

1. An enforced ceremony, *une cérémonie (politesse) contrainte.*

merveilles; mais, lorsqu'ils doivent endurer le cruel éperon, ils laissent tomber la tête, et, comme des rosses trompeuses, faiblissent dans l'épreuve. Son armée vient-elle?

LUCILIUS.

Ils veulent loger ce soir à Sardes; la plus grande partie, urtout la cavalerie, marche avec Cassius.

(Marche au dehors.)

BRUTUS.

Écoutez, il est arrivé : allons amicalement à sa rencontre.

(Entrent CASSIUS et des soldats.)

CASSIUS.

Halte, holà!

BRUTUS.

Halte, holà! faites circuler le mot *d'ordre.*

AU DEHORS.

Halte!

AU DEHORS.

Halte!

AU DEHORS.

Halte!

CASSIUS.

Très noble frère, vous m'avez fait injure.

BRUTUS.

Soyez mes juges, ô dieux! Fais-je injure à mes ennemis et si cela n'est pas, comment ferais-je injure à un frère?

CASSIUS.

Brutus, votre froide réserve cache des injures ; et quand vous me la montrez...

BRUTUS.

Cassius, modérez-vous ; dites vos griefs doucement, je vous connais bien ; ne nous disputons pas, sous les yeux de nos deux armées ici *réunies* qui ne devraient s'apercevoir que de notre affection ; faites-les éloigner : puis dans ma tente, Cassius, exposez vos griefs, et là je les écouterai.

CASSIUS.

Pindare, dites à nos capitaines de conduire leurs troupes un peu plus loin.

BRUTUS.

Lucilius, faites de même ; et que personne ne vienne nous trouver en notre tente avant que nous ayons fini notre conférence. Que Lucius et Titinius gardent la porte.

(Ils sortent.)

SCÈNE III

SOUS LA TENTE DE BRUTUS

(Entrent Brutus et Cassius.)

CASSIUS.

Une preuve que vous m'avez fait injure, c'est que vous avez condamné et noté d'infamie Lucius Pella, pour avoir reçu des présents ici des Sardiens ; les lettres que j'écrivis en sa faveur, parce que je connaissais cet homme, furent dédaignées.

BRUTUS.

Vous vous êtes fait injure à vous-même, en m'écrivant à ce propos.

CASSIUS.

Dans un moment comme celui-ci, il n'est pas bon de faire attention à la plus petite offense.

BRUTUS.

Laissez-moi vous dire, Cassius, qu'on vous reproche beaucoup d'avoir la main avide, de trafiquer de vos emplois et de les vendre pour de l'or à des gens de peu de mérite.

CASSIUS.

Moi, une main avide ! Vous savez que vous êtes Brutus, *vous* qui parlez ainsi, ou autrement, par les-dieux, cette parole serait votre dernière.

BRUTUS.

Le nom de Cassius couvre cette corruption, c'est pourquoi le châtiment cache sa tête.

CASSIUS.

Le châtiment !

BRUTUS.

Souvenez-vous de Mars, souvenez-vous des ides de Mars : le sang du grand Jules n'a-t-il pas coulé pour la justice ? Quel scélérat attenta à sa personne, le poignarda, et pas pour autre chose que la justice ? Quoi ! l'un de nous qui avons frappé le premier homme de tout ce monde parce qu'il soutenait des voleurs, *un de* nous doit-il souiller ses mains par d'infâmes présents, et vendre l'immense espace de nos glorieux honneurs, pour autant de vil métal que la main peut en saisir ? J'aimerais mieux être un chien et aboyer à la lune, que d'être un pareil Romain.

CASSIUS.

Brutus, ne me poussez pas à bout, je ne le souffrirai pas: vous vous oubliez en m'enfermant dans un cercle ; je suis un soldat, moi; *je suis* plus ancien dans la pratique, et plus capable que vous de poser des conditions.

BRUTUS.

Allons donc! Il n'en est rien, Cassius.

CASSIUS.

Si.

BRUTUS.

Je vous dis que non.

CASSIUS.

Ne me pressez pas davantage, je m'oublierais moi-même; prenez garde à votre sûreté, ne me tentez pas davantage.

BRUTUS.

Arrière, homme de rien!

CASSIUS.

Est-ce possible?

BRUTUS.

Écoutez-moi, car j'ai à *vous* parler. Dois-je laisser le champ libre à votre téméraire colère? Serai-je effrayé quand un insensé me regarde fixement?

CASSIUS.

O dieux, ô dieux! faut-il que je souffre tout ceci?

BRUTUS.

Tout ceci! et bien plus : agitez-vous jusqu'à ce que votre cœur orgueilleux se brise; allez, montrez à vos serviteurs combien vous êtes emporté, et faites trembler vos esclaves. Faut-il que je m'écarte? Faut-il que je vous observe? Faut-il m'arrêter et ramper sous votre humeur irritable? Par les dieux, vous digérerez le venin de votre colère, dussiez-vous en périr; car à partir de ce jour, je me servirai de vous, comme d'un objet de gaîté, oui, comme d'un spectacle risible, quand vous serez irascible comme une guêpe.

CASSIUS.

En êtes-vous arrivé là ?

BRUTUS.

Vous dites que vous êtes un meilleur soldat : faites-le paraître ; justifiez votre fanfaronnade, et j'en aurai de la joie, car pour ma part je serai content de m'instruire à l'école d'hommes plus capables.

CASSIUS.

Vous me faites injure de toute façon ; vous me faites injure, Brutus ; j'ai dit, un soldat plus ancien, non pas un meilleur. Ai-je dit « meilleur » ?

BRUTUS.

Que vous l'ayez dit, je m'en soucie peu.

CASSIUS.

Quand César vivait, il n'aurait pas osé m'exciter ainsi.

BRUTUS.

Paix, paix ! vous n'auriez pas osé le provoquer.

CASSIUS.

Je n'aurais pas osé !

BRUTUS.

Non.

CASSIUS.

Quoi ! ne pas oser le provoquer !

BRUTUS.

Sur votre vie, vous n'auriez pas osé.

CASSIUS.

Ne présumez pas trop de mon affection : je puis bien faire quelque chose que je regretterais.

BRUTUS.

Vous avez fait des choses que vous devriez regretter. Il n'y a pas à craindre vos menaces, Cassius, car je suis si bien armé dans mon honnêteté, qu'elles passent à côté de moi, comme le vain souffle du vent, que je ne remarque même pas. Je vous avais envoyé demander quelques sommes d'argent, que vous m'avez refusées; car je ne saurais me procurer de l'argent par aucun moyen vil : par le ciel, j'aimerais mieux monnayer mon cœur et faire des drachmes de mon sang, que d'arracher des mains des paysans leur misérable obole, par voie détournée ; je vous ai envoyé demander de l'or pour payer mes légions, vous m'avez refusé; était-ce agir comme Cassius le *devait* ? Aurais-je ainsi répondu à Caius Cassius ? Quand Marcus Brutus deviendra assez avare pour mettre sous clef ces vils jetons loin de la portée de ses amis, alors préparez, ô dieux, toutes vos foudres pour le mettre en pièces !

CASSIUS.

Je ne vous ai pas refusé.

BRUTUS.

Vous m'avez refusé.

CASSIUS.

Je n'ai pas refusé : ce fut un sot qui rapporta ma réponse. Brutus m'a déchiré le cœur, un ami supporterait les défauts de son ami, mais Brutus fait les miens plus grands qu'ils ne sont.

BRUTUS.

Je ne le faisais pas, avant d'en avoir été la victime.

CASSIUS.

Vous ne m'aimez pas.

BRUTUS.

Je n'aime pas vos défauts.

CASSIUS.

L'œil d'un ami ne saurait voir de tels défauts.

BRUTUS.

Celui d'un flatteur ne les verrait pas, bien qu'ils paraissent aussi énormes que l'Olympe élevé.

CASSIUS.

Venez, Antoine, venez, jeune Octave, vengez-vous sur Cassius seul, car Cassius est fatigué du monde; détesté par celui qu'il aime; bravé par son frère; grondé comme un esclave; tous ses défauts sont observés, enregistrés, appris et repassés par cœur, pour me les jeter aux dents. Oh! je pourrais pleurer mon esprit par mes yeux! Voilà mon poignard et voici ma poitrine nue; au dedans est un cœur plus précieux que la mine de Plutus, et plus riche que l'or: si tu es un Romain, arrache-le; moi, qui t'ai refusé de l'or, je te donnerai mon cœur: frappe, comme tu as frappé César, car je sais qu'au moment où tu le haïssais le plus, tu l'aimais mieux que jamais tu n'aimas Cassius.

BRUTUS.

Rengainez votre poignard; fâchez-vous si vous voulez, votre fureur aura *pleine* carrière; faites ce que vous voudrez, le déshonneur passera pour un *caprice* d'humeur. O Cassius, vous êtes attelé avec un agneau qui contient la colère comme le silex contient le feu; frappé avec force, il fait jaillir une étincelle rapide et redevient froid aussitôt.

CASSIUS.

Cassius n'a-t-il vécu que pour être la risée et l'hilarité de son Brutus, alors que le chagrin et le sang mal disposés le tourmentent?

BRUTUS.

Quand je disais cela, j'étais *moi aussi* mal disposé.

CASSIUS.

L'avouez-vous autant? Donnez-moi votre main.

BRUTUS.

Et mon cœur aussi.

CASSIUS.

O Brutus!

BRUTUS.

Qu'y a-t-il?

CASSIUS.

N'avez-vous pas assez d'affection pour me supporter quand cette fougueuse humeur que m'a donnée ma mère, fait que je m'oublie?

BRUTUS.

Oui, Cassius; et désormais, quand vous serez trop sérieux avec votre Brutus, il pensera que c'est votre mère qui gronde et vous laissera faire.

UN POÈTE, à l'extérieur.

Laissez-moi entrer pour voir les généraux; il y a quelque brouille entre eux, il n'est pas bon qu'ils soient seuls.

LUCILIUS, à l'extérieur.

Vous n'irez pas jusqu'à eux.

LE POÈTE, à l'extérieur.

Il n'y a que la mort pour m'arrêter.

(Entre le poète suivi de Lucilius et de Titinius.)

CASSIUS.

Eh bien, qu'y a-t-il?

LE POÈTE.

Quelle honte! généraux! que prétendez-vous? Aimez-vous

et soyez amis comme deux hommes semblables devraient l'être; car, j'en suis sûr, j'ai vu plus d'années que vous.

CASSIUS.

Ah! ah! comme ce cynique rime misérablement!

BRUTUS.

Va-t'en d'ici, maraud; va-t'en, impertinent individu!

CASSIUS.

Soyez indulgent, Brutus; c'est sa façon *d'agir*.

BRUTUS.

Je me ferai à son humeur, quand il saura choisir son moment : qu'ont de commun la guerre et ces bouffons? — Camarade, *hors* d'ici.

CASSIUS.

Au large, au large, va-t'en!

(Sort le poète.)

BRUTUS.

Lucilius et Titinius, ordonnez aux capitaines de préparer un logement pour leurs compagnies cette nuit.

CASSIUS.

Puis revenez, et amenez-nous Messala immédiatement.

(Sortent Lucilius et Titinius.)

BRUTUS.

Lucius, une coupe de vin!

CASSIUS.

Je ne croyais pas que vous pussiez être si emporté.

BRUTUS.

O Cassius, je souffre de beaucoup de maux.

CASSIUS.

Vous ne faites pas usage de votre philosophie, si vous faites attention aux maux accidentels.

BRUTUS.

Personne ne supporte mieux le chagrin : Portia est morte.

CASSIUS.

Quoi ! Portia !

BRUTUS.

Elle est morte.

CASSIUS.

Comment ai-je échappé à la mort, quand je vous contrariai ainsi ? O perte douloureuse et cruelle ! De quelle maladie ?

BRUTUS.

L'impatience de mon absence, et le chagrin de ce que le jeune Octave et Marc-Antoine sont devenus si puissants ; car ces fâcheuses nouvelles arrivèrent en même temps que sa mort ; elle en devint folle et pendant l'absence de ses suivantes elle avala du feu.

CASSIUS.

Est-ce ainsi qu'elle mourut ?

BRUTUS.

Ainsi même.

CASSIUS.

O dieux immortels !

(Entre LUCIUS, avec du vin et des flambeaux.)

BRUTUS.

Ne me parlez plus d'elle. Donne-moi une coupe de vin. Ainsi j'ensevelis toute douleur, Cassius.

(Il boit.

CASSIUS.

Mon cœur est altéré par cette noble santé. — Remplissez, Lucius, jusqu'à ce que le vin déborde de la coupe; je ne puis boire trop à l'amitié de Brutus.

(Il boit.)

BRUTUS.

Entrez, Titinius!

(Lucius sort.)
(Rentre Titinius avec Messala.)

Soyez le bienvenu, bon Messala. Rangeons-nous autour de ce flambeau ici et mettons en question les nécessités *de notre position*.

CASSIUS.

Portia, es-tu partie?

BRUTUS.

Pas davantage, je vous en prie. — Messala, j'ai reçu ici des lettres qui m'annoncent que le jeune Octave et Marc-Antoine descendent sur nous avec une puissante armée, et dirigent leur expédition du côté de Philippes.

MESSALA.

Moi-même, j'ai reçu des lettres de la même teneur.

BRUTUS.

Que disent-elles de plus?

MESSALA.

Que par proscription et par mise hors la loi, Octave, Antoine et Lépide ont fait mourir cent sénateurs.

BRUTUS.

Sur ce point nos lettres ne s'accordent pas bien; les miennes parlent de soixante-dix sénateurs qui moururent par le fait de leur proscription ; de ce nombre serait Cicéron.

CASSIUS.

Cicéron !

MESSALA.

Cicéron est mort, et par cet ordre de proscription. Aviez-vous reçu des lettres de votre épouse, seigneur ?

BRUTUS.

Non, Messala.

MESSALA.

On ne dit rien d'elle dans vos lettres ?

BRUTUS.

Rien, Messala.

MESSALA.

C'est étrange, il me semble.

BRUTUS.

Pourquoi me demandez-vous cela ? les vôtres en parlent-elles ?

MESSALA.

Non, seigneur.

BRUTUS.

Voyons, si vous êtes un Romain, dites-moi la vérité.

MESSALA.

Alors, supportez en Romain la vérité que je vais vous dire ; car elle est morte certainement, et d'une étrange manière.

BRUTUS.

Eh bien, adieu, Portia ! Il nous faut mourir, Messala : en réfléchissant qu'elle devait mourir un jour, j'ai le courage de supporter sa mort maintenant.

MESSALA.

C'est ainsi que les grands hommes devraient supporter les grandes pertes.

CASSIUS.

J'ai d'aussi belles théories que vous à ce sujet ; mais ma nature ne pourrait le supporter ainsi.

BRUTUS.

Eh bien, à notre œuvre vivante[1]. Que pensez-vous de marcher sur Philippes tout de suite ?

CASSIUS.

Je ne crois pas que ce soit bon.

BRUTUS.

Vos raisons ?

CASSIUS.

Les voici : il vaut mieux que l'ennemi nous cherche : ainsi il usera ses moyens, fatiguera ses soldats, et se nuira à lui-même ; tandis que nous, en restant tranquilles, nous serons reposés, agiles et pleins de vigueur.

BRUTUS.

Les bonnes raisons doivent nécessairement céder le pas aux meilleures. Les peuples entre Philippes et ce pays-ci n'ont pour nous qu'une amitié forcée, car ils ne nous ont donné des subsides qu'à contre-cœur ; l'ennemi, en traversant leur pays, augmentera son nombre ; il arrivera rafraîchi, renforcé et plein de courage ; et nous le priverons de cet avantage, si nous le rencontrons à Philippes avec ces peuples derrière nous.

CASSIUS.

Écoutez-moi, bon frère.

---

1. *Laissons les morts, à l'œuvre*

BRUTUS.

Pardonnez-moi. Vous devez remarquer d'ailleurs que nous avons tiré toutes les ressources possibles de nos amis ; nos légions sont au complet, notre cause est mûre ; l'ennemi augmente chaque jour ; *parvenus* à notre apogée, nous sommes prêts à décliner. Il y a dans les affaires des hommes *une sorte* de marée qui, quand on en profite à l'heure du flux, conduit à la fortune ; la *marée* manquée, tout le voyage de la vie se resserre dans les écueils et les malheurs. Nous flottons maintenant en pleine mer ; et nous devons prendre le courant quand il nous seconde, ou perdre nos chances.

CASSIUS.

Eh bien, selon votre volonté, marchons : nous nous avancerons et nous irons les rencontrer à Philippes.

BRUTUS.

Les ténèbres de la nuit ont grandi pendant notre entretien, et la nature doit obéir à la nécessité ; nous lui accorderons seulement un peu de repos. N'y a-t-il plus rien à ajouter ?

CASSIUS.

Non, rien. Bonne nuit : nous nous lèverons demain matin de bonne heure, et nous partirons.

BRUTUS.

Lucius, ma robe ! Adieu, bon Messala. — Bonne nuit, Titinius ; — noble, noble Cassius, bonne nuit, et bon repos !

CASSIUS.

O mon cher frère ! nous avons mal commencé la nuit : qu'il ne survienne jamais de pareille division entre nos cœurs ! Que cela ne soit pas, Brutus.

BRUTUS.

Tout est bien.

CASSIUS.

Bonne nuit, seigneur.

BRUTUS.

Bonne nuit, bon frère.

TITINIUS, MESSALA.

Bonne nuit, seigneur Brutus.

BRUTUS.

Adieu à tous.

(Sortent CASSIUS, TITINIUS et MESSALA.)
(Rentre LUCIUS, avec la robe.)

Donne-moi la robe. Où est ton instrument ?

LUCIUS.

Ici dans la tente.

BRUTUS.

Quoi ! tu parles en dormant ? Pauvre garçon, je ne te blâme pas ; tu es fatigué d'avoir veillé. Appelle Claudius et quelques autres de mes hommes, je veux qu'ils couchent sur des coussins, dans ma tente.

LUCIUS.

Varron et Claudius !

(Entrent VARRON et CLAUDIUS.)

VARRON.

Mon seigneur appelle ?

BRUTUS.

Je vous prie, messieurs, de venir dormir dans ma tente ; il se peut que je vous fasse lever tout à l'heure, pour quelque affaire avec mon frère Cassius.

VARRON.

Si vous voulez, nous resterons debout, et nous attendrons en veillant votre bon plaisir.

BRUTUS.

Non, je ne le veux pas; couchez-vous, mes bons amis : il peut se faire que je change d'avis. — Regarde, Lucius, voici le livre que je cherchais; je l'avais mis dans la poche de ma robe.

(Varron et Claudius se couchent.)

LUCIUS.

J'étais sûr que votre seigneurie ne me l'avait pas donné.

BRUTUS.

Sois indulgent pour moi, mon brave, je suis très oublieux. Peux-tu soulever un instant tes yeux appesantis, et jouer sur ton instrument une mesure ou deux ?

LUCIUS.

Oui, seigneur, si cela vous fait plaisir.

BRUTUS.

Cela me ferait plaisir : je te dérange trop, mais tu es de bonne volonté.

LUCIUS.

C'est mon devoir, seigneur.

BRUTUS.

Je ne devrais pas demander l'accomplissement de ton devoir au delà de tes forces; je sais que la jeunesse désire le temps du repos.

LUCIUS.

J'ai déjà dormi, seigneur.

BRUTUS.

Tu as bien fait, et tu dormiras encore; je ne veux pas te retenir longtemps; si je vis, je serai bon pour toi.

(Musique et chanson, vers la fin de laquelle Lucius s'endort.)

C'est un air endormant. O sommeil meurtrier, as-tu jeté ta massue de plomb sur mon serviteur qui te faisait de la musique? — Aimable garçon, bonne nuit; je ne veux pas te faire le tort de te réveiller; si tu inclines la tête, tu vas briser ton instrument; je vais te l'enlever; et bonne nuit, mon enfant. Voyons, voyons; la feuille n'est-elle pas pliée à l'endroit où j'ai cessé de lire? La voici, je pense.

(Entre le fantôme de CÉSAR.)

Comme ce flambeau brûle mal! ah! qui vient ici? je pense que c'est la faiblesse de mes yeux qui *donne* forme à cette prodigieuse apparition. Elle vient sur moi. Es-tu quelque chose? Es-tu un dieu, un bon génie, ou un démon, *toi*, qui glaces mon sang et fais dresser mes cheveux? Dis-moi ce que tu es.

LE FANTÔME.

Ton mauvais génie, Brutus.

BRUTUS.

Pourquoi viens-tu?

LE FANTÔME.

Pour te dire que tu me verras à Philippes.

BRUTUS.

Bien: je te verrai donc de nouveau?

LE FANTÔME.

Oui, à Philippes.

BRUTUS.

Eh bien, je te verrai à Philippes, alors.

(Le fantôme s'évanouit.)

Maintenant que j'ai repris cœur, tu t'évanouis : mauvais génie, je voudrais te retenir encore pour causer avec toi. Garçon ! Lucius ! Varron ! Claudius ! Messieurs, réveillez-vous ! Claudius !

LUCIUS.

Les cordes, seigneur, sont fausses.

BRUTUS.

Il croit toujours être à son instrument. Lucius, debout !

LUCIUS.

Seigneur ?

BRUTUS.

Rêvais-tu, Lucius, que tu criais ainsi ?

LUCIUS.

Seigneur, je ne sais pas si j'ai crié.

BRUTUS.

Oui, tu as crié ; as-tu vu quelque chose ?

LUCIUS.

Rien, seigneur.

BRUTUS.

Rendors-toi; Lucius. Coquin *de* Claudius !

(A Varron.)

Et toi, ami, debout !

VARRON.

Seigneur ?

CLAUDIUS.

Seigneur ?

BRUTUS.

Pourquoi avez-vous ainsi crié, messieurs, dans votre sommeil ?

VARRON, CLAUDIUS.

Avons-nous crié, seigneur ?

BRUTUS,

Oui; avez-vous vu quelque chose ?

VARRON.

Non, seigneur, je n'ai rien vu.

CLAUDIUS.

Ni moi, seigneur.

BRUTUS.

Allez présenter mes salutations à mon frère Cassius, dites-lui de mettre ses armées en marche de bonne heure, et nous le suivrons.

VARRON, CLAUDIUS.

Cela sera exécuté, seigneur.

(Ils sortent.)

ACTE V

SCÈNE I

LES PLAINES DE PHILIPPES

(Entrent Octave, Antoine, et leur armée.)

OCTAVE.

Maintenant, Antoine, nos espérances sont réalisées[1] : vous disiez que l'ennemi ne descendrait pas *en plaine*, mais qu'il se tiendrait[2] sur les collines et les régions élevées ; il n'en va pas ainsi ; leurs corps de bataille sont en vue ; ils veulent nous défier ici à Philippes, en nous répondant avant que nous les ayons questionnés.

ANTOINE.

Bah ! je lis dans leur cœur[3] et je sais pourquoi ils agissent ainsi : ils pourraient être contents de visiter d'autres lieux ; et ils descendent avec une bravade qui masque leur peur, pensant, par cette démonstration, nous faire croire[4] qu'ils ont du courage ; mais il n'en est pas ainsi.

(Entre un messager.

LE MESSAGER.

Préparez-vous, généraux : l'ennemi arrive en bon ordre ;

---

1. Answered, *répondues.*
2. Keep, *garder.*
3. Im a in their bosoms, *je suis dans leurs poitrines.*
4. To fasten in our thoughts, *enfoncer dans nos pensées.*

ACTE V, SCÈNE I.

leur sanglante enseigne de bataille est déployée, et il y a quelque chose à faire immédiatement.

ANTOINE.

Octave, faites avancer doucement votre armée, sur le côté gauche de la plaine unie.

OCTAVE.

Je *vais* du côté droit : garde le gauche, toi.

ANTOINE.

Pourquoi me contrariez-vous en ce moment critique ?

OCTAVE.

Je ne vous contrarie pas, mais je veux agir ainsi.

(Marche.)

(Tambour. Entrent BRUTUS, CASSIUS, et leur armée ; LUCILIUS, TITINIUS MESSALA et autres.)

BRUTUS.

Ils s'arrêtent et voudraient parlementer.

CASSIUS.

Halte de suite, Titinius ; il faut sortir des lignes et leur parler.

OCTAVE.

Marc-Antoine, donnerons-nous le signal du combat ?

ANTOINE.

Non, César, nous répondrons à leur attaque. Avancez ; les généraux voudraient échanger quelques mots.

OCTAVE.

Ne bougez pas jusqu'au signal.

BRUTUS.

Les paroles avant les coups : n'est-ce pas, concitoyens ?

OCTAVE.

Ce n'est pas que nous préférions les paroles, comme vous.

BRUTUS.

Les bonnes paroles sont meilleures que les mauvais coups, Octave.

ANTOINE.

Avec vos mauvais coups, Brutus, vous donnez de bonnes paroles; témoin le trou que vous fîtes au cœur de César, en criant : « Longue vie! salut, César! »

CASSIUS.

Antoine, la place de vos coups est encore inconnue; mais pour vos paroles, elles dépouillent les abeilles de l'Hybla, et les laissent sans miel.

ANTOINE.

Mais non sans aiguillon, aussi.

BRUTUS.

Oh! si, et sans bruit encore; car vous avez dérobé leur bourdonnement, Antoine, et vous menacez très sagement avant de piquer.

ANTOINE.

Scélérats, ce n'est pas ainsi que vous agissiez, quand vos vils poignards se heurtaient dans les flancs de César : vous montriez des dents comme des singes, et caressiez comme des chiens, et vous incliniez comme des esclaves, en baisant les pieds de César; tandis que ce damné Casca, comme un chien hargneux, par derrière, frappait César à la gorge. O flatteurs!

CASSIUS.

Flatteurs! maintenant, Brutus, remerciez vous vous-même;

ACTE V, SCÈNE I.

cette langue ne vous aurait pas offensé ainsi aujourd'hui, si Cassius avait été le maître [1].

OCTAVE.

Allons, allons, au fait! si l'argumentation nous fait suer, au moment de la preuve, la sueur deviendra rouge [2]. Regardez, je tire mon épée contre les conspirateurs; quand croyez-vous que cette épée rentrera au fourreau? Jamais, avant que les vingt-trois blessures de César soient entièrement vengées; ou avant qu'un autre César ait ajouté un meurtre à l'épée des traîtres.

BRUTUS.

César, tu ne peux mourir par les mains des traîtres, à moins que tu ne les amènes avec toi.

OCTAVE.

C'est ce que j'espère; je ne suis pas né pour mourir par l'épée de Brutus.

BRUTUS.

Oh! lors même que tu serais le plus noble de ta race, jeune homme, tu ne pourrais pas mourir plus honorablement.

CASSIUS.

Un écolier volontaire, compagnon d'un farceur et d'un débauché, ne mérite pas un tel honneur!

ANTOINE.

Ce vieux Cassius encore!

OCTAVE.

Venez, Antoine; partons! Notre défi, traîtres, nous vous le

---

[1]. Might have ruled, *pouvait avoir gouverné, avait pu gouverner.*
[2]. The proof of it will turn to redder drops, *la preuve d'elle (l'argumentation) tournera à des gouttes plus rouges.*

lançons au visage¹ : si vous osez combattre aujourd'hui, venez sur le champ de bataille ; sinon, *attendez* que le cœur vous en dise.

(Sortent OCTAVE, ANTOINE, et leur armée.)

CASSIUS.

Eh bien, maintenant, que le vent souffle, que les vagues s'enflent, et vogue la galère ! La tempête est déchaînée et tout est à la merci du hasard.

BRUTUS.

Holà ! Lucilius ! écoutez : un mot.

LUCILIUS.

Seigneur ?

(BRUTUS et LUCILIUS conversent à l'écart.

CASSIUS.

Messala !

MESSALA.

Que dit mon général ?

CASSIUS.

Messala, voici l'anniversaire de ma naissance ; c'est en ce jour même que Cassius naquit. Donne-moi ta main, Messala : sois-moi témoin que c'est contre mon gré que je suis forcé, de même que Pompée le fut, d'exposer aux chances d'une seule bataille toutes nos libertés. Vous savez que j'étais fortement attaché à Épicure et à sa doctrine : maintenant je change d'idée, et j'ajoute quelque créance aux présages. Comme nous venions de Sardes, deux aigles puissants s'abattirent sur notre première enseigne ; ils s'y perchèrent, se gorgeant et prenant leur nourriture dans les mains de nos

---

1. In your teeth, *dans vos dents*.

soldats, et nous accompagnèrent jusqu'à Philippes; ce matin ils s'enfuirent et partirent; et à leur place, les corbeaux, les corneilles et les milans volent au-dessus de nos têtes, et nous regardent d'en haut comme une proie bien malade : leurs ombres semblent un dais fatal, sous lequel est couchée notre armée, près de rendre l'âme.

MESSALA.

Ne croyez pas cela.

CASSIUS.

Je ne le crois qu'en partie; car je suis plein d'ardeur, et résolu à aller avec fermeté au devant de tous les périls.

BRUTUS.

Qu'il en soit ainsi, Lucilius.

CASSIUS.

Maintenant, très noble Brutus, que les dieux aujourd'hui nous favorisent, afin que nous puissions, amis en paix, conduire nos jours jusqu'à la vieillesse! Mais, puisque les affaires humaines restent toujours incertaines, raisonnons sur le pire qui puisse arriver. Si nous perdons cette bataille, c'est donc la dernière fois que nous conversons ensemble : qu'êtes-vous donc déterminé à faire?

BRUTUS.

A *agir précisément* d'après la règle de cette philosophie qui me faisait blâmer Caton de la mort qu'il se donna à lui-même : je ne sais pas pourquoi, mais je trouve lâche et vil de devancer ainsi le terme de la vie, par crainte de ce qui peut arriver : et je m'arme de courage pour attendre la providence des puissances suprêmes qui nous gouvernent ici-bas.

CASSIUS.

Alors, si nous perdons cette bataille, vous consentez à être conduit en triomphe à travers les rues de Rome?

BRUTUS.

Non, Cassius, non ; ne pense pas, noble Romain, que jamais Brutus entrera enchaîné dans Rome : il a l'âme trop grande. Mais ce jour même doit terminer l'œuvre que commencèrent les ides de Mars ; et je ne sais pas si nous nous rencontrerons une autre fois. Faisons-nous donc notre éternel adieu : adieu pour toujours, pour toujours, Cassius ! Si nous nous rencontrons une autre fois, eh bien, nous nous réjouirons[1] ; sinon, cet adieu aura alors sa raison d'être[2].

CASSIUS.

Pour toujours, et pour toujours, adieu, Brutus ! Si nous nous rencontrons une autre fois, nous nous réjouirons en effet ; sinon, il est vrai que cet adieu avait sa raison d'être.

BRUTUS.

Eh bien alors, en marche. Oh ! si l'on pouvait connaître l'issue de la bataille de ce jour avant qu'elle fût arrivée ! Mais il suffit que le jour finisse, et alors l'issue sera connue. Venez, holà ! partons !

(Ils sortent.)

SCÈNE II

TOUJOURS PRÈS DE PHILIPPES. — LE CHAMP DE BATAILLE

(Alarme. Entrent BRUTUS et MESSALA.)

BRUTUS.

A cheval, à cheval, Messala, à cheval et donne ces lettres aux légions de l'autre côté : qu'elles attaquent toutes à la ois ; car je n'aperçois que de la froideur dans l'aile d'Oc-

---

1. Smile, *sourire.*
2. This parting was well made, *cette séparation était bien faite.*

tave, et une soudaine attaque les culbutera. A cheval, à cheval, Messala, qu'elles descendent toutes.

(Ils sortent.

SCÈNE III

TOUJOURS PRÈS DE PHILIPPES. — UNE AUTRE PARTIE
DU CHAMP DE BATAILLE

(Alarme. Entrent Cassius et Titinius.)

CASSIUS.

Oh! regarde, Titinius, regarde, les scélérats s'enfuient! Je suis devenu moi-même un ennemi pour les miens : mon enseigne ici tournait le dos, je tuai le lâche et je lui pris le drapeau.

TITINIUS.

O Cassius, Brutus donna le signal trop tôt; ayant quelques avantages sur Octave, il prit la chose trop ardemment : ses soldats se mirent à piller pendant que nous étions tous enveloppés par Antoine.

(Entre Pindare.)

PINDARE.

Fuyez plus loin, seigneur, fuyez plus loin; Marc-Antoine est dans vos tentes, seigneur : fuyez donc, noble Cassius, fuyez plus loin.

CASSIUS.

Cette colline est assez éloignée. Regarde, regarde, Titinius; est-ce que ce sont mes tentes où j'aperçois le feu?

TITINIUS.

Oui, seigneur.

CASSIUS.

Titinius, si tu m'aimes, monte sur mon cheval, et enfonce-lui les éperons, jusqu'à ce qu'il t'ait conduit vers ces troupes là-bas et t'ait ramené ici, afin que je sois assuré si ces troupes sont amies ou ennemies.

TITINIUS.

Je serai de retour ici dans l'espace d'une pensée.

(Il sort.)

CASSIUS.

Va, Pindare, monte plus haut sur cette colline; ma vue fut toujours trouble; regarde Titinius, et dis-moi ce que tu remarques sur le champ de bataille.

(PINDARE monte.)

En ce jour je respirai pour la première fois : le temps a décrit son cercle, et je finirai là où j'ai commencé; ma vie a fourni sa carrière. Coquin, quelles nouvelles?

PINDARE.

Oh! seigneur!

CASSIUS.

Quelles nouvelles?

PINDARE, d'en haut.

Titinius est enveloppé par des cavaliers, qui jouent de l'éperon pour le rejoindre; cependant il avance toujours. Maintenant ils sont presque sur lui; maintenant, Titinius! maintenant quelques-uns mettent pied à terre : oh! il met pied à terre lui aussi : il est pris; et, écoutez! ils poussent des cris de joie.

(Acclamation.)

CASSIUS.

Descends, ne regarde pas davantage. Oh! lâche que je

suis, de vivre assez longtemps pour voir mon meilleur ami pris sous mes yeux.

(PINDARE descend.)

Viens ici, coquin : je t'ai fait prisonnier dans la Parthie, et je t'ai fait jurer alors en te sauvant la vie, que tout ce que je te commanderais, tu l'essayerais. Allons maintenant, tiens ton serment! Sois maintenant un homme libre; et, avec cette bonne épée qui traversa les entrailles de César, perce cette poitrine. Ne t'arrête pas à me répondre : tiens, prends la poignée ; et lorsque mon visage sera couvert, comme il l'est maintenant, dirige l'épée. César, tu es vengé par l'épée même qui te tua.

(Il meurt.)

PINDARE.

Ainsi je suis libre ; cependant je n'aurais pas voulu l'être devenu ainsi, si j'avais osé faire ma volonté. O Cassius! bien loin de cette contrée Pindare va fuir, dans des lieux où jamais Romain n'entendra parler de lui.

(Il sort.)

(Rentre TITINIUS avec MESSALA.)

MESSALA.

Ce n'est qu'un échange, Titinius ; car Octave est culbuté par l'armée du noble Brutus, comme les légions de Cassius le sont par Antoine.

TITINIUS.

Ces nouvelles rassureront bien Cassius.

MESSALA.

Où l'avez-vous laissé?

TITINIUS.

Sur cette colline, tout découragé, avec Pindare son esclave.

MESSALA.

N'est-ce pas lui qui est étendu sur le sol?

TITINIUS.

Il n'est pas étendu comme un être vivant. Oh! mon cœur!

MESSALA.

N'est-ce pas lui?

TITINIUS.

Non, c'était lui, Messala, mais Cassius n'est plus. O soleil couchant! De même que tu t'enfonces le soir au milieu de tes rouges rayons, ainsi les jours de Cassius disparaissent dans son sang vermeil; le soleil de Rome est couché! Notre jour est fini; que les nuages, les rosées et les dangers arrivent; notre tâche est finie! C'est l'erreur sur mon succès qui a causé cet acte.

MESSALA.

L'erreur sur un bon succès a causé cet acte. O erreur odieuse, fille de la mélancolie! Pourquoi montres-tu aux pensées promptes des hommes les choses qui ne sont pas? O erreur, rapidement conçue, tu n'arrives jamais à une heureuse naissance, sans tuer la mère qui t'a engendrée!

TITINIUS.

Eh! Pindare! où es-tu, Pindare?

MESSALA.

Cherche-le, Titinius, pendant que j'irai à la rencontre du noble Brutus, pour enfoncer cette nouvelle dans ses oreilles: je puis dire, l'enfoncer; car l'acier perçant et les dards envenimés seront aussi bien venus aux oreilles de Brutus que la nouvelle de ce spectacle.

TITINIUS.

Hâtez-vous, Messala, et je chercherai Pindare pendant ce temps.

(Sort MESSALA.)

Pourquoi m'as-tu envoyé, brave Cassius? N'ai-je pas rencontré tes amis? N'ont-ils pas placé sur mon front cette couronne de victoire en m'ordonnant de te la remettre? N'as-tu pas entendu leurs acclamations? Hélas! tu as mal interprété le tout! Mais, tiens, prends cette guirlande sur ton front; ton Brutus m'a dit de te la remettre, et je veux exécuter son ordre. Brutus, viens vite, et vois combien j'estimais Caius Cassius. Avec votre permission, dieux; c'est le rôle d'un Romain : viens, épée de Cassius, et trouve le cœur de Titinius.

(Il meurt.)

(Alarme. Rentrent MESSALA, avec BRUTUS, le jeune CATON, STRATON VOLUMNIUS et LUCILIUS.)

BRUTUS.

Où, Messala, où gît son corps?

MESSALA.

Voici, là-bas; et Titinius pleure sur lui.

BRUTUS.

Le visage de Titinius est tourné vers le ciel.

CATON.

Il est tué.

BRUTUS.

O Jules César, tu es encore puissant! ton esprit erre dans ces lieux, et dirige nos épées vers nos propres entrailles.

(Sourdes alarmes.)

CATON.

Brave Titinius! regardez, s'il n'a pas couronné Cassius mort!

BRUTUS.

Y a-t-il encore vivants deux Romains tels que ceux-ci? Toi, le dernier de tous les Romains, repose en paix! Il est impossible que Rome engendre jamais ton égal. Amis, je dois à cet homme mort plus de larmes que vous ne me verrez lui en donner. J'en trouverai le temps, Cassius, j'en trouverai le temps. Venez donc et envoyez son corps à Thassos : ses funérailles ne se feront pas dans notre camp, de peur qu'elles ne nous abattent. Lucilius, viens ; et viens, jeune Caton ; allons au champ de bataille. Labéon et Flavius, faites avancer nos armées : il est trois heures ; et cependant, Romains, avant la nuit nous tenterons la fortune dans un second combat.

(Ils sortent.)

SCÈNE IV

UNE AUTRE PARTIE DU CHAMP DE BATAILLE

(Alarme. Entrent en combattant des soldats des deux armées ; puis BRUTUS, le jeune CATON, LUCILIUS et d'autres.)

BRUTUS.

Cependant, compatriotes, cependant tenez la tête haute !

CATON.

Quel cœur dégénéré ne le ferait pas ? Qui veut venir avec moi ? Je proclamerai mon nom sur le champ de bataille : ah ! je suis le fils de Marcus Caton, ennemi des tyrans, et ami de mon pays ; ah ! je suis le fils de Marcus Caton.

(Il charge l'ennemi.)

BRUTUS.

Et moi, je suis Brutus, Marcus Brutus ; Brutus, l'ami de mon pays ; reconnaissez-moi pour Brutus !

(Il sort, en chargeant l'ennemi. Le jeune CATON est écrasé et tombe.)

LUCILIUS.

O jeune et noble Caton, es-tu tombé? Eh bien, maintenant tu meurs aussi bravement que Titinius : et on peut t'honorer comme le fils de Caton.

PREMIER SOLDAT.

Rends-toi, ou tu meurs.

LUCILIUS.

Je ne me rends que pour mourir : voilà tout cela pour que tu veuilles me tuer tout de suite.

(Lui offrant de l'argent.)

Tue Brutus, et sois honoré par sa mort.

PREMIER SOLDAT.

Nous ne le devons pas. Un noble prisonnier!

SECOND SOLDAT.

Place, holà! Dites à Antoine que Brutus est pris.

PREMIER SOLDAT.

Je vais dire la nouvelle : voici venir le général.

(Entre ANTOINE.)

Brutus est pris, Brutus est pris, seigneur.

ANTOINE.

Où est-il?

LUCILIUS.

En sûreté, Antoine; Brutus est assez en sûreté. J'ose t'assurer qu'aucun ennemi ne prendra jamais vivant le noble Brutus : que les dieux le préservent d'une si grande honte. Quand vous le trouverez ou en vie, ou mort, vous le trouverez semblable à Brutus, semblable à lui-même.

ANTOINE.

Ce n'est pas Brutus, ami; mais, je vous assure, une prise non moins importante : gardez cet homme en sûreté, prodiguez-lui tous les égards. J'aimerais mieux avoir de tels hommes pour amis que pour ennemis. Allez en avant, et voyez si Brutus est vivant ou mort; puis revenez nous dire sous la tente d'Octave, comment tout s'est passé.

(Ils sortent.

SCÈNE V

UNE AUTRE PARTIE DU CHAMP DE BATAILLE

(Entrent BRUTUS, DARDANIUS, CLITUS, STRATON et VOLUMNIUS.)

BRUTUS.

Venez, pauvres restes de mes amis, reposons-nous sur ce rocher.

CLITUS.

Statilius a montré la lumière de sa torche; mais, seigneur, il n'est pas revenu; il est pris ou tué.

BRUTUS.

Assieds-toi, Clitus : tuer est le mot d'ordre; c'est une action à la mode. Écoute, Clitus.

(Il lui parle à l'oreille.)

CLITUS.

Quoi, moi, seigneur? Non, pour tout au monde.

BRUTUS.

Paix alors, et pas un mot.

ACTE V, SCÈNE V.

CLITUS.

J'aimerais mieux me tuer moi-même.

BRUTUS.

Écoute, Dardanius.

(Il lui parle à l'oreille.)

DARDANIUS.

Ferai-je une telle action?

CLITUS.

O Dardanius!

DARDANIUS.

O Clitus!

CLITUS.

Quelle mauvaise demande Brutus t'a-t-il adressée?

DARDANIUS.

De le tuer, Clitus. Regarde, il médite.

CLITUS.

En ce moment ce noble cœur est *si* plein de douleur, qu'elle déborde même de ses yeux.

BRUTUS.

Viens ici, bon Volumnius: écoute un mot.

VOLUMNIUS.

Que dit mon seigneur?

BRUTUS.

Eh bien, ceci, Volumnius : le fantôme de César m'est apparu deux fois, pendant la nuit; à Sardes une fois, et la nuit dernière, ici, dans les plaines de Philippes : je sais que mon heure est venue.

VOLUMNIUS.

Il n'en est pas ainsi, seigneur.

BRUTUS.

Si, je suis sûr que cela est, Volumnius. Tu vois, Volumnius, comment va le monde ! nos ennemis nous ont battus jusqu'à l'abîme.

(Sourdes alarmes.)

Il est plus digne de nous y précipiter nous-mêmes, que d'attendre qu'ils nous y poussent. Bon Volumnius, tu sais que nous allions tous deux à l'école ensemble : au nom de notre amitié d'enfance, je t'en prie, tiens la poignée de mon épée, pendant que je me précipiterai sur elle.

VOLUMNIUS.

Ce n'est pas l'affaire d'un ami, seigneur.

(Alarmes toujours.)

CLITUS.

Fuyez, fuyez, seigneur : il n'y a pas à attendre ici.

BRUTUS.

Adieu à vous ; — et à vous ; — et à vous, Volumnius. — Straton, tu as été tout ce temps endormi ; adieu à toi aussi, Straton. — Concitoyens, mon cœur se réjouit de ce que dans toute ma vie je n'ai pas encore trouvé un homme qui ne me fût fidèle. J'aurai, dans ce jour de désastre, plus de gloire qu'Octave et Marc-Antoine n'en acquerront par cette vile victoire. Ainsi, adieu à tous à la fois ; car la langue de Brutus a presque terminé l'histoire de sa vie : la nuit est suspendue sur mes yeux ; mes os voudraient se reposer, *eux* qui n'ont travaillé que pour atteindre cette heure.

(Alarmes. Cris à l'extérieur : Fuyez, fuyez, fuyez !)

CLITUS.

Fuyez, seigneur, fuyez.

ACTE V, SCÈNE V.

BRUTUS.

Partez! je *vous* suivrai.

(Sortent CLITUS, DARDANIUS et VOLUMNIUS.)

Je t'en prie, Straton, reste près de ton seigneur; tu es un homme de juste renommée; ta vie s'est empreinte de quelque teinture d'honneur; tiens donc mon épée, et détourne ton visage, tandis que je me précipiterai sur elle. Veux-tu, Straton?

STRATON.

Donnez-moi votre main d'abord : adieu, seigneur.

BRUTUS.

Adieu, mon bon Straton. — César, maintenant sois tranquille : je ne t'ai pas tué à moitié d'aussi bon cœur.

(Il se précipite sur son épée, et meurt.)

(Alarmes. Retraite. Entrent OCTAVE, ANTOINE, MESSALA, LUCILIUS et l'armée.)

OCTAVE.

Quel est cet homme?

MESSALA.

Le serviteur de mon maître. — Straton, où est ton maître?

STRATON.

Libre de l'esclavage dans lequel vous êtes, Messala : les conquérants ne peuvent que le brûler; car Brutus a triomphé seul de lui-même, et nul autre homme n'a l'honneur de sa mort.

LUCILIUS.

C'est ainsi qu'on devait trouver Brutus. — Je te rends grâces, Brutus, de ce que tu as prouvé que Lucilius disait vrai.

OCTAVE.

Tous ceux qui servaient Brutus, je les accueillerai. Camarade, veux-tu passer ton temps avec moi?

STRATON.

Oui, si Messala veut me présenter à vous.

OCTAVE.

Faites-le, bon Messala.

MESSALA.

Comment mourut mon maître, Straton?

STRATON.

Je tins l'épée, et il se précipita sur elle.

MESSALA.

Octave, prends donc à ton service celui qui rendit le dernier service à mon maître.

ANTOINE.

C'était le plus noble Romain d'eux tous : tous les conspirateurs, excepté lui seul, ont agi[1] par envie contre le grand César ; lui seul se joignit à eux par une pensée patriotique et honnête et de bien public. Sa vie fut calme, et les éléments *en furent* si bien mêlés, que la Nature pourrait se lever et dire à tout le monde : « Celui-ci était un homme! »

OCTAVE.

Traitons-le selon sa vertu, avec tout le respect et les cérémonies des funérailles. Ses os reposeront cette nuit dans ma tente, et, comme il convient à un soldat, ils seront traités honorablement. Convions donc l'armée au repos, et allons partager les honneurs de cette heureuse journée.

(Ils sortent.)

1. Did that they did, *firent* ce qu'ils firent.

FIN

BOURLOTON. — Imprimeries réunies, A, rue Mignon, 2, Paris.

ALLIANCE DES MAISONS D'ÉDUCATION CHRÉTIENNE

ALLEMAND

Grammaire allemande élémentaire, par MM. les abbés FISCHER et LEBEAU, professeurs d'allemand. Gr. in-18 cart. . . . . 1 fr. 75

Méthode théorique et pratique pour apprendre la langue allemande par M. l'abbé A. DEBLAYE, professeur au petit Séminaire de Pont-à-Mousson.
1re partie : Pratique. In-12 c. 4 75
2e partie : Grammaire. In-12 c. 2 fr.

Choix de thèmes et de conversations en allemand pour les classes élémentaires de la division de grammaire. (*En préparation.*)

Choix de thèmes pour les classes supérieures, par M. l'abbé SOREAU. (*En préparation.*)

Recueil de lectures allemandes, à l'usage des classes élémentaires, par M. l'abbé SOREAU, professeur au collège Saint-Stanislas à Nantes. Gr. in-18 cart. . 2 25

Recueil de lectures allemandes, choisies dans les œuvres des meilleurs prosateurs et poètes, à l'usage des classes de la division supérieure, par M. l'abbé SOREAU, professeur au collège St-Stanislas à Nantes. Gr. in-18 cart. . 3 fr.

Gœthe. — Hermann et Dorothée. Texte allemand ; avec une introduction, des sommaires et des notes littéraires, par M. l'abbé GASNIER, professeur au collège St-Stanislas à Nantes. Gr. in-18 cart. . 1 25

LE MÊME. Traduction française mise en conformité avec le texte. Gr. in-18.

Gœthe. — Iphigénie en Tauride. Texte allemand revu et annoté par M. l'abbé GASNIER. Gr. in-18 cartonné. 1 50

Gœthe. — Goetz de Berlichingen. Texte allemand, revu et annoté par M. l'abbé GASNIER. Gr. in-18 cart. 2 25

ANGLAIS

Cours complet de versions et lectures anglaises avec la prononciation figurée au moyen de signes phoniques, par M. l'abbé VAN WEDDINGEN, professeur de langues modernes au collège Saint-Rombault à Malines.
1re SÉRIE à l'usage des classes élémentaires. In-12 cart. . . 85 c.
2e SÉRIE à l'usage des classes de grammaire. In-12 cart. . . 1 60
3e SÉRIE à l'usage des classes supérieures. In-12 cart. . . 1 60

Byron. — Childe Harold, texte anglais, revu et annoté par M. l'abbé JULIEN. Gr. in-18 cart. . . 1 50

LE MÊME, traduction française mise en conformité avec le texte expurgé. Gr. in-18. . . . . 3 fr.

Edgeworth (Miss). — Contes choisis. (*En préparation.*)

Goldsmith. — Le Village abandonné et le voyageur. Texte anglais, revu et annoté par M. l'abbé JULIEN. Gr. in-18 cart. . . 75 c.

LE MÊME, traduction française mise en conformité avec le texte. Gr. in-18 cart. . . . . . 75 c.

Milton. — Le Paradis perdu, livres I et II. Texte anglais, revu et annoté, par M. l'abbé JULIEN. Gr. in-18 cart. . . . . . 90 c.

Pope (Alexandre). — Essai sur la critique. Texte anglais, revu et annoté, par M. l'abbé JULIEN. Gr. in-18 broché. . . 1 25

Shakspeare. — Jules César. Tragédie. Texte revu et annoté par M. l'abbé JULIEN. Gr. in-18 c. 1 25

LE MÊME, traduction française mise en conformité avec le texte, par M. l'abbé DAGUZE, professeur à l'institution Richelieu à Luçon. Gr. in-18 cart.

Shakspeare. — Macbeth. Tragédie. Texte anglais revu par M. l'abbé JULIEN. Gr. in-18 cart. . . 1 fr.

LE MÊME, traduction française mise en conformité avec le texte, par M. l'abbé DAGUZE. (*Sous presse.*)

Shakspeare. — Richard III. Tragédie. Texte anglais annoté par M. l'abbé JULIEN. Gr. in-18. 1 50

LE MÊME, traduction française mise en conformité avec le texte, par M. l'abbé JULIEN. (*Sous presse.*)

BOURLOTON. — Imprimeries réunies, A, rue Mignon, 2, Paris.

www.ingramcontent.com/pod-product-compliance
Lightning Source LLC
Chambersburg PA
CBHW060203100426
42744CB00007B/1145